華志文化

華志文化

至理名言

44句生命中最重要的智慧語

有時候創造奇蹟的不是巨人
而是一句影響我們一生的話

上天賜予我們一份價值連城禮物：
長夜裡的星光給在黑暗中走路的人方向
海風給那些在茫茫大海中航行的船動力
一位智慧老人給懵懂年輕人的句句叮嚀

李育達教授——著

智者不為自己沒有的悲傷而活，
卻為自己擁有的歡喜而活。

人的一生只有二、三萬個可預期的日子，
還要除去一半的黑夜和休息。
活一天少一天，功名與財富隨著時間的推延隨之遞減。

前言：一句話可以改變你的一生

有時候創造奇蹟的不是巨人，而是一句能夠影響我們一生的話。正是因為這樣一句話，使我們在失敗時仍不言放棄，在成功時仍不忘努力，在擁有時仍懂得珍惜。對於我們每個人來說，總是有這樣一句話伴著自己在人生的道路上前行，它也許是一個推心置腹的提醒，也許是一個激發你前進的鼓勵，也許是一個讓自己懂得生活意義的真理。

這樣一句話，如漫漫長夜裡的星光給予那些在黑暗中走路的人以方向，如陣陣海風給予那些在茫茫大海中航行的船以動力，如一位智慧老人給予懵懂年輕人的句句叮嚀，這樣的一句話，是上天賜予我們的一份價值連城的禮物。

在我們一生成長的道路上，如花似錦的時候其實並不多，而經常伴隨我們的是坎坷、曲折、困惑，甚至痛楚。有些人面對生活的磨難容易怨天尤人，變得消沈落寞，而有些人則完全不同，他們不論在何種環境下，始終能保持一種樂觀向上的精神，彷彿路前總有一盞照亮前程的明燈，這盞明燈或許就是年輕時留在他們心中的一句話一句激勵人心的話，一句給人啟迪、讓人豁然開朗的

海倫．凱勒憑藉「把每一天都當作生命中的最後一天，也許這真的是最後一天」這樣的一句話，不僅改變了自己的世界，並給千千萬萬生活在這個世界上的人帶去了光明；

貝多芬憑藉「我要扼住命運的咽喉」這樣的一句話，譜寫出人類精神上最強硬的《命運交響曲》，激起我們對人生遭遇的滿腹感慨與深深的沈思；海明威憑藉「一個人可以被消滅，但永遠不能被打敗」的堅定信念，寫就了他的巔峰之作《老人與海》，他自己也用獵槍擊碎了自己莊嚴的頭顱，為的就是不想被疾病所戰勝；偉大的亞歷山大大帝只憑藉「希望」兩個字，就敢為自己的理想拋下所有財產遠征波斯……

人生是人類永恒的主題。古往今來，哲人志士，眾說紛紜，感慨良多。莊子說：「善吾生者，乃所以善吾死也。」司馬遷說：「人固有一死，或

重於泰山，或輕於鴻毛。」俄國一位作家說：「在人的一生中，失去的比獲得的更為重要。種子消失後才能發芽。」

有人說，人生是一趟單行列車，沒有回程票。有人說，人生就像一幅畫，總會有空白的地方。有人把人生比做晨露或是一春一秋的草木；有人把人生比做蜉蝣，朝生夕滅；有人說，人生苦短，如白駒過隙，稍縱即逝；還有人說，人生是一場得失輪回的鬧劇，你方唱罷我登場。有人說：人生是一道減法算術題，不算不知道，一算嚇一跳。

人的一生只有二、三萬個可預期的日子，而且還要除去一半的黑夜。活一天少一天，功名與財富隨著時間的推延亦做著減法。當有一天兩條曲線交叉時，生命的顯示幕就會出現零。生命的算術就是如此殘酷。

還有人說：人生就是一筆未知的存款，直到人死後別人才知道具體數額；而昨天是作廢的支票，明天是未發行的債券，只有今天才是現金。這些從偉大的人口中說出直言不諱的話總是具有一種特殊的力量。他們的話如一句句天籟之音將我們喚醒，從而將自己的人生演繹得更精彩、更充實。

事業也好，人生也好，看起來既複雜又簡單。明白了道理，很簡單；不懂得道理，卻會是那麼複雜。有時候，一句話，一個座右銘，會像一位真正的好朋友，伴我們一輩子，使我們一生受益無窮！

目錄

上篇／生命……15

把生命中的每一天當作生命的最後一天，當作生命的節日，把這一天過得充實、愉悅，每天如此，猶如永生。

CONTENTS

你的人生可以是彩色的，也可以是黑白的，分別只在於你觀照人生的態度時，你內心所思付的。

CONTENTS

CONTENTS

上篇

生命

把生命中的每一天當作生命的最後一天，當作生命的節日，把這一天過得充實、愉悅，每天如此，猶如永生。

01、今天是你人生餘下生命的第一天

在一位醫生擁擠的候診室裡，一位老人突然站了起來走向值班護士，「小姐」他彬彬有禮地說：「我預約的時間是三點，而現在已經是四點，我不能再等下去了，請將我的預約改為明天吧！」

這時，一位婦女轉過身對她身邊的一個人小聲說道：「他肯定至少也有八十歲了，他現在還會有什麼要緊的事？」

那個老人轉向她們說：「我今年已經八十八歲了，這就是為什麼我不能浪費一分一秒的原因。」

誰能生活在時間之外，真正擁有永恒呢？是孩子和上帝。

孩子不在乎時光流逝。在孩子眼裡，歲月是無窮無盡的。童年之所以令人懷念，是因為我們在童年一度擁有永恒。

可是，孩子會長大，我們終將失去童年。我們的童年是在我們明白自己必將死去的那一天結束的。自從失去了童年，我們也就失去了永恒。

我們不是上帝。我們知道，終究有一天我們將死去，但我們總是把那一天想得極其遙遠。我們大多數人都把人生視為當然。我們處於精神活潑、身體輕快的健康狀態，死亡簡直是不可想像的，我們很難想到它。日子伸延到無窮無盡的遠景之中。

所以，我們總是做些無價值的工作，幾乎意識不到我們對生活的懶洋洋的態度。

在人的一生中，你生命中的每一天就好比一張面紙—抽取之後，未曾善加利用，即被棄如敝屣。

我們可以自由地選擇如何處理自己所擁有的這一天。你既可以把它消磨在咖啡屋和酒吧裡，也可以將它花在研究室或運動場上。你可以把它變得輕如鴻毛、一文不值，也可以把它過得多姿多彩、富有意義。

如果生命有一種絕對，也許這種絕對正顯現在生命的脆弱之上，每一天可以是生命的第一天，每一天也可以是生命的最後一天。不過，令我們倍覺欣慰的是，人生不只是活一次，它像璀璨的清晨，可以重複活許多次，每一個早晨都是新的。當我們從清晨醒來，就像一個初生嬰孩般降臨到一個新奇美妙的世界。

簾幕在昨日的「舊生命」做完了最後一個動作時落下，經過了一夜的安眠的法術，我們「再生」，讓人感受又有一個新的早晨，帶來新的希望、魄力與生機。

自然界所賜予的每一天都是新的，都是好日子，它包含了重新再來的機會、勇氣與希望，我們每天都應用感恩的心來迎接它，使用它，將一日的生活過得豐富而踏實！

這也是我們每個人能把握生命中每一天的惟一方法。有了這樣的觀念在心中，每天二十四小時，就是人生的一個縮影。凡是有價值的人生，即使是過著短暫的一天，也總比沒有意義的生命過著一生的光陰，更多姿多彩。

海倫、凱勒告訴我們應該像明天就會死去那樣去生活。把活著的每一天當作生命中的最後一天，懷著友善、朝氣和渴望去生活。

我們更應該將生命中的每一天當作一個新的開始，生命的開始是多麼可貴，我們都不知道自己的生命何時才是我們的終點站，但是我們卻知道今天是你人生餘下的生命的第一天。

有一首詩這樣寫道：

要瞭解一年的價值，問修課不及格的學生；
要瞭解一個月的價值，去問早產兒的媽媽；
要瞭解一個星期的價值，去問周刊的編輯；
要瞭解一天的價值，去問拿日薪養家的人；
要瞭解一小時的價值，問等待見面的情侶；
要瞭解一分鐘的價值，去問錯過火車的人；
要瞭解一秒的價值，去問得奧運銀牌的人。

我們必須把握生命中的每一分與每一秒，我們一定要珍惜活在世上的每一天。把握生命的每一刻，我們將不枉此生，因為我們知道生命中的點點滴滴都會讓我們感受到生命的可貴。

02、人生沒有如果，卻有很多但是。

美國有位著名的心理醫生，在退休的時候應邀做了他最後一次演講。

這位心理醫生並沒有說得太多，他說：我們人人都是自己的醫生，我們就是太放縱。

人生最大的障礙就一句話：「如果。」人們總在說：

如果時光可以倒流，我將會如何如何；

如果我不那麼做就好了……

請記住，「如果」是人生最大的騙局，別再讓如果擠佔你太多的思維空間。

如果越多，你的遺憾、後悔和無奈就越多；不妨把如果放在未來的時空，用行動敲碎它的腦殼，生活的光彩讓你忘記了還曾想過如果。

如果讓我重新選擇生命，我會讓自己長成一棵樹、飄成一朵雲、化作一滴雨，我會讓自己的生命感覺不到自己的生命。

如果我可以退回至童年，我會讓自己自由地玩耍，我會放飛那只憂鬱而死的小鳥，我會放生那些令大人厭惡的小貓，我會讓童年天真的笑聲充盈著生命的每一時刻。

如果能回到青年也好，我不會憂鬱，不會謹小慎微，不會卑微膽怯，我會倍加珍惜我與朋友、家人間至純至真的情感，讓曾經的不理解、不接受永遠消失在生命的橫亙中。

如果我的親人可以永遠安康至無限，我們的親情也可以被無限地延伸至很遠很遠，生命裡總有一種殷實充溢心中，有一種力量在心中迴蕩。

如果還是走在校園、坐在教室，我會認真聆聽老師的每一句叮嚀，我會真誠擁抱每一寸光陰，讓充實取代迷茫，讓執著擠佔消糜。

如果說出的話可以收回，我會收回那些曾經傷害過他人的話，我會用沈默的微笑和理解的祝福裝扮生命的坦然和安寧。

如果孩子可以任我們的想像自由完美地成長，我們會少了許多希冀的沈重，平添許多生命享受親情的快樂，完美得無憂無慮，快樂得無邊無際。

如果歲月可以倒流，我會掃盡生命旅程中許許多多的遺憾，不再有懊悔，不再有追憶，也不再有思念。

……

在人生中，如果真的有如果，誰都願意退回哪怕是小小的一步。

我們重新選擇，重新開始。可是人生惟一讓人無法選擇的就是沒有如果。不能後退，只能前行。我們只能想一想如果，做一做假設，這種「如果」形單影地站在現實面前，它只能是一種對比、一種假設。

人生可以有無數個「如果」，可真正實現起來的卻沒有幾個。所以還是不要沈浸在「如果」的想像中，還是讓想像的翅膀飛向未來的描繪中，付諸行動吧！

雖然我們不能退回至童年，但是我們仍可以讓自己自由地玩耍，即使在成人的世界裡，也會讓童年天真的笑聲充盈著生命的每一時刻。

雖然我們不能回到青年，但是我們依舊可以選擇不憂鬱，不謹小慎微，不卑微膽怯，珍惜我們與朋友、家人間至純至真的情感，讓生命中不存在彼此之間誤會或矛盾。

雖然我們的親人不能安康至無限，但是我們仍然可以將親情無限地延伸至很遠很遠，讓愛穿透得更深些、再深些。

雖然我們無法再走回校園或坐在教室聆聽老師的每一句叮嚀，但是我們此時此刻仍可以珍惜生命中的每一寸光陰，讓充實取代空虛，讓執著剔除消糜。

雖然我們不可能收回那些曾經傷害過他人的話，但是我們仍可以用真誠的微笑和衷心的祝福去溫暖那些曾經被我們傷害的人。

雖然歲月無法倒流，但是我們仍可以掃盡生命旅程中許許多多的遺憾、懊悔，讓生命更加快樂、愉悅。

別再讓如果擠佔你太多的思維空間，如果越多，你的遺憾、後悔、無奈也就越多，不妨把如果放在未來的時空，用行動敲碎它的腦殼，生活的光彩讓你忘記了還曾想過如果。

03、人生是不能保存的，你一定要盡情享受它。沒有愛和不能享受人生，就沒有樂趣。

義大利記者吉阿提尼訪問著名鋼琴家魯賓斯坦，告別時，鋼琴家送給記者一盒最喜歡抽的雪茄。「我一定會好好地把它珍藏起來。」記者說：「千萬不可，」鋼琴家回答，「你一定要把它抽掉，這些雪茄美妙如人生，人生是不能保存的，你一定要盡情享受它。沒有愛和不能享受人生，就沒有樂趣。」

只有一次的生命是人生最寶貴的財富，但許多人寧願用它來換取那些次寶貴或不甚寶貴的財富，把全部生命耗費在學問、名聲、權力或金錢的積聚上。他們臨終時當如此悔歎：「我只是使用了生命，而不曾享受生命。」

人來到這個世上是來享受生活的。當我們來到這個世界，我們就從母親那兒承接一種博大寬厚的胸懷，從父親那兒延續一根壓不斷的脊梁，進而從朋友那兒接納了一種相互信賴、相互攙扶的勇氣。有了這些，生命之樹便真正活了。

在生命的長河中，有挺起腰就挺出一座山的尊嚴，有站直了就站成一棵樹的風景，有蹲下去就能負重千斤的氣勢，有坐下來就能海納百川的厚重，有躺下去就能砸出一個坑的透徹。

大自然實在對我們寵愛有加，在賦予我們生命的同時賦予我們可以有思想的大腦，讓我們能夠思考怎樣去享受這一次來之不易的生命—我們豈能辜負了它？是的，我們不能辜負了自己的生命與生活。

而事實卻是，我們一直在充當著一個並不高明的樂手，扭曲著生命與生活的旋律，甚至在不經意間扮演了生活劊子手，扼殺了生命的顏色，生活的芬芳……

人不是神仙，可以不食人間煙火；人活在這個世界上，欣賞鮮花盛開的美麗，感歎人生變幻的奇蹟，為得而喜，為失而憂，無論是物質或精神的追求，或是情欲的交融和身心的愉悅，都是生命所不可缺少的一部分。人生由時間構成，而時間是無法儲存，無法珍藏的。人生錯過了，也就錯過了。享受人生，是至高神聖的美德。及時採擷生命中有意義的花朵，及時享受身邊的美好事物，這樣，我們就會更懂得人生的美好，生命的可貴。人活著，就必須享受生命，這樣才是人生真正的意義。

享受意味著珍惜。生活中，值得珍惜的東西實在太多。也許由於我們總是步履匆匆，而對這一切無動於衷，甚至於慷慨地揮霍。有些東西，只有在失去的時候，才知道它的珍貴。

享受也意味著從容。我們生活在一個多元的社會裡，多元的世界觀、多元的人生觀、多元的價值觀，一切的一切都似乎是多元的。面對這樣一個紛繁蕪雜的社會，面對人生的路口，也不知道該怎樣走。於是，越來越多的人喪失了自己的精神家園，找不到自己的位置。一顆心一下子沒了歸屬沒了方向，於是，或者遊戲人生，或者沒頭沒腦地亂沖一氣，而最終的結局是，他們拋棄了生活，而生活也毫不留情地拋棄了他們。

享受更意味著熱愛。惟其真正懂得享受生命，享受生活，才能真正地熱愛生命，熱愛生活。生命屬於我們自己，生命的旋律要由我們自己演奏，生命的樂章要我們自己譜寫。要自己成為一個最好的樂手，熱愛永遠都是惟一的最好的導師。

享受生命吧！享受生活吧！只要你願意，生活是從來不會吝嗇的……

04、不為自己沒有的悲傷而活，要為自己擁有的歡喜而活。

一九二九年，紐約股市崩盤，美國一家大公司的老闆憂心忡忡地回到家中。「你怎麼了，親愛的？」妻子笑容可掬地問道：「完了！完了！我被法院宣告破產了，家裡所有的財產明天就要被法院查封了。」他說完便傷心地低頭飲泣。

妻子柔聲問道：「你的身體也被查封了嗎？」

「沒有！」他不解地抬起頭來。

「那麼，我這個做妻子的也被查封了嗎？」「沒有！」他拭去了眼角的淚，無助地望了妻子一眼。

「那孩子呢？」「他們還小，跟這件事根本無關呀！」「既然如此，那麼怎能說家裡所有的財產都要被查封呢？你還有一個支持你的妻子以及一群有希望的孩子，而且你有豐富的經驗，還擁有上天賜予的健康的身體和靈活的頭腦。至於丟掉的財富，就當是過去白忙活一場算了！以後還可以再賺回來的，不是嗎？」三年後，他的公司再度成為《財富》雜誌評選的五大企業之一。

一生中，我們會失去很多東西─失去來之不易的財富，失去至愛的親人，失去敬愛的師長，失去心愛的信物，失去帶給我們方便的器物，失去甜蜜的愛情，失去……我們會因為種種失去而一籌莫展、傷心欲絕，繼而感歎、悔恨、痛苦。但失去不獨是一種痛苦。

我們在失去的同時也在擁有著，我們雖失去了太陽的溫暖，卻擁有了月亮的親吻；雖失去了花朵的美麗，卻擁有了果實的甜美；雖失去了昨天，卻擁有了充滿希望的今天。

有些事情像一粒種子，落地生根，開花結果，你得去努力抓住它，雖然有時沒有收穫，但你擁有了一種經歷，你走過了這個過程。

人總在失去中奮鬥，在獲得中前進，坦然面對自我的人生道路，不要為失去而悲傷，要勇於攀登失去的高峰，品嘗失去的果子，讓失去給你一個不會坍塌的生命的支點。這樣，失去的就叫禮物，而擁有的叫幸福。

當我們感到沮喪的時候，請自問：

你有沒有完好的雙手雙腳？

有沒有一個會思考的大腦和健康的身體？

有沒有親人、朋友、伴侶、孩子？

有沒有某方面的知識和特長？

如果你有完好的雙手雙腳，比之殘疾人，那麼你就是幸福的；如果你有會思考的大腦和健康的身體，比之已經逝世的同輩人，那麼你就是幸福的；如果你有親人、朋友、伴侶、孩子，可以享受親情、友情、愛情、骨肉之情，比之感情上有殘缺的人，那麼你就是幸福的；如果你有雖不豐富但卻足以展現的知識和能力，比之遜於你的人，那麼你也是幸福的。

把注意力放在你所擁有的，而不是沒有的或失去的部分，你就會發現，原來自己已經夠幸福了。

許多人總覺得自己所得無幾，所失太多，於是一味索求，只想得到自己沒有的，卻毫不在乎自己所正在擁有的。失去如果真讓你感受懊惱與悲痛，那是否更應該即時檢視所擁有的並好好珍惜呢？

人生最可惜的事，莫過於忽視所擁有的！直到失去以後，才發現在擁有時是多麼的癡傻！

其實失去的本身並不那麼可惜，可惜的是，在擁有的時候，為何沒有認真地對待！擁有而不珍惜，再多、再好也會失去；學會珍惜，就懂得擁有的真諦。

當團聚的時候，可以珍惜那份快樂；當孤單的時候，也可以珍惜那份安謐；當成功的時候，可以珍惜那份成就；當失敗的時候，也可以珍惜那份深刻。

珍惜擁有的青春，善待生命中的每一天，你將無怨無悔；珍惜擁有的緣分，握緊手中的每一份愛，你將得到溫暖；珍惜擁有的機遇，抓住幸運的每一個瞬間，你將創造奇蹟；珍惜擁有的人生，踏實前進中每一個腳步，你的旅途將充滿光輝。

永遠不要拿失去的東西去衡量幸福，否則你永遠是一個失敗者；要拿你所擁有的東西去衡量它，你則是一個當之無愧的成功者。

正如愛比克泰德所說：「智者不為自己沒有的悲傷而活，卻為自己擁有的歡喜而活。」

5、人生重要的不是你是否拿到了一副好牌，重要的是你如何將手中的牌打好！

艾森豪威爾年輕的時候，有一次晚飯後跟家人一起玩紙牌遊戲，連續幾次他都抓了很壞的牌，於是就變得很不高興，老是抱怨。他的媽媽停下來，正色對他說：「如果你要玩，就必須用你手中的牌玩下去，不管那些牌怎麼樣！」

他一愣，聽見母親又說：「人生也是如此，發牌的是上帝，不管怎樣的牌你都必須拿著，你能做的就是盡你全力，求得做到最好的效果。」

很多年過去了，艾森豪威爾一直牢記母親的這句話，從未再對生活存在任何抱怨，相反，他總是以積極樂觀的態度去迎接命運中的每一次挑戰，盡力地做好每一件事情，從一個默默無聞的平民家庭走出，一步一步地成為中校、盟軍統領，最終成為美國歷史上第三十四任總統。

錢鍾書《圍城》中講過一個十分有趣的故事。

天下有兩種人，譬如一串葡萄到手後，其中一種人會挑最好的先吃，另一種人則把最好的留在最後吃。但兩種人都感到不快樂。先吃最好的葡萄的人認為他吃的葡萄越來越差，第二種人則認為他每吃一顆都是剩下葡萄中最壞的。

其實，生活就像你手中的那串葡萄，也許它會隨著時光的流逝而變得不新鮮，或者由最初的青澀而變得甘甜，無論你怎樣摘吃，你所吃到的和能感到的滋味全由你的態度而決定。你選擇什麼樣的態度，也就選擇了什麼樣的生活。你可以選擇悶悶不樂、無精打采地度過每一天，也可以帶著不滿的態度、毫無耐心地去工作，但是你還可以選擇帶著陽光、帶著愉快的心情去度過每一天，帶著幽默、愉悅的心情去工作。

我們可以選擇一天的時光怎樣度過，同樣我們也可以選擇一生的時光怎樣度過。人生是一種態度、一種理想，一種旁人難以企及的意境，沒有人願意飽嘗愁苦的滋味－假如他能夠避免；沒有人不願做出美好的詩篇－即使他缺乏才情。如果上天沒有給你一副好牌，那麼，你能做的只有用你手裡的牌打下去，並努力打好，除此之外，你沒有任何選擇。對生活抱怨是於事無補的，生活不會因為我們的抱怨而變得多姿多彩，如果你是正確的，你的世界就是正確的。知識未必可以創造價值，百分百的態度，卻可以讓你成為駕馭知識的優勝者。

在《魚》這本書中有這樣一句話：「即便無法選擇工作，但工作方式總是可以選擇的。」面對枯燥的工作，我們可以選擇每天工作的態度，任何一種選擇都會決定我們的工作方式。既然我們在這裡工作，為什麼不選擇工作出色而選擇甘於平庸呢？

同樣，生命是一段注定要走的路程，長短曲直無可選擇，那我們還可以選擇一份行路的心情。即使頭頂煙雨淒迷，腳下坎坷泥濘，眼裡依舊風景旖旎，心中一樣麗日晴空。

6、把困難舉在頭上，它就是滅頂石；把困難踩在腳下，它就是墊腳石。

一個農夫的驢子不小心掉進一口枯井裡，農夫絞盡腦汁想救它，但幾個小時過去了，驢子還在井裡痛苦地哀號著。

最後，這位農夫決定放棄了，他想這頭驢子已經老了，不值得大費周折把它救出來，於是他便請來鄰居幫忙，打算將井中的驢子埋了，以免除它的痛苦。

農夫的鄰居們人手一把鏟子，開始將泥土鏟進枯井中。這頭驢子似乎意識到自己的處境，剛開始叫得很淒慘，但出人意料的是，一會兒之後這頭驢子就安靜下來了。農大好奇地探頭往井底一看，出現在眼前的景象令他大吃一驚：當泥土落在驢子的背上時，它竟然將泥土抖落在一旁，然後站在泥土上面！就這樣，驢子一層層地踩著要埋葬它的泥土，慢慢升到了井口！

最後，它在眾人驚訝的注視下默默地跑開了。

漫漫人生，就如同海上航船，有一帆風順的時候，也有逆風而行的時候，所以生活中總是伴隨著困難和挫折。有時候我們難免會陷入「枯井」裡，會被各式各樣的「泥沙」傾倒在我們身上，而想要從這些「枯井」脫困的秘訣就是：將「泥沙」抖落掉，然後站到上面去！

事實上，我們在生活中所遭遇的種種困難挫折就是加諸我們身上的「泥沙」；然而，換個角度看，它們也是一塊塊的墊腳石，只要我們鍥而不捨地將它們抖落掉，然後站上去，那麼即使是掉落到最深的井裡，我們也能安然脫困。對於失敗，有的人可能把它當作前進路上的絆腳石，有的人可以把它當作奮起的墊腳石。這樣的例子太多太多。

翻手為雲，覆手為雨。在同一環境下，不同的心境卻有著截然不同一輩子的至理名言，給生命中最重要的話一句話的風景，它可以成為一把遮風擋雨的傘，也可以成為一塊烏黑的抹布。挫折不同於失敗，它是成功與失敗的連接點，具有兩面性，有利也有弊。

正如巴爾扎克所說的那樣：世界上的事情永遠不是絕對的，結果完全因人而異。

苦難對於天才是一塊墊腳石，對於強者是一筆財富，對於弱者則是一個萬丈深淵。

挫折能造就強者，也能吞噬弱者。溫室中的花朵之所以不能承受狂風暴雨，這正是它們無法承受苦難的最好詮釋。溫室花朵縱然是美麗，但卻承受不了斜風細雨，在此之上，連一根平凡無奇的小草都比它強。

人亦如此，縱然你具備眾多優越的條件，若無法承受狂風暴雨的洗禮，你便不能坦然地去接受挫折，那麼，你也就會像溫室中的花朵一樣，經受不了半點的斜風細雨。迎接你的將會是一敗塗地。挫折對人是一種打擊，也是一種磨煉。當你經歷挫折後，應該冷靜地分析產生挫折的原因，把挫折看成是對自己的一次考驗、一個磨礪的機會，這樣也許就不會受第二次同樣挫折的困擾了，因為你已懂得如何去戰勝它。

我們應該給生活一個假設。假設失敗就是成功，假設跌倒就是站起，假設沮喪就是歡愉，假設疼痛就是健康，假設不幸就是幸運……水聲亦作琴聲聽，黃連可當蜂蜜品。

轉念一想，我們可以讓生活化弊為利，讓苦變甜，讓恨生愛，讓單調變得豐富，讓呆板變得活潑。從某種意義上講，這是一種精神的追求和期待，是一種心境的勝利和收穫。

07、生命的價值不依賴我們的所作所為，也不仰仗我們結交的人物，而是取決於我們本身！

在一次討論會上，一位著名的演說家沒講一句開場白，手裡卻高舉著一張二十元的鈔票。

面對會議室的二百多人，他問：「誰要這二十元？」一隻只手舉了起來。他接著說：「我打算把這二十元錢送給你們中的一位，但在這之前，請准許我做一件事。」他說著將鈔票揉成一團，然後問：「誰還要？」仍有人舉起手來。

他又說：「那麼假如我這樣做又會怎樣呢？」他將鈔票扔在地上，又踏上一隻腳，並且用腳碾它。而後他拾起鈔票，鈔票已經變得又髒又皺。

「現在誰還要？」還是有人舉起手來。

「朋友們，你們已經上了一堂很有意義的課。無論我如何對待那張鈔票，你們還是想要它，因為它並沒有貶值。它依舊是二十元錢。人生路上，我們會無數次被自己的決定或碰到的逆境擊倒、欺淩，甚至碾得粉身碎骨。

我們覺得自己似乎一文不值。但無論發生什麼，或將要發生什麼，在上帝眼中，你們永遠不會喪失價值。在他看來，骯髒或潔淨，衣著齊整或不齊整，你們依然是無價之寶。生命的價值不依賴我們的所作所為，也不仰仗我們結交的人物，而是取決於我們本身。你們是獨特的－永遠不要忘記這一點。」

人生路上，我們會無數次被自己的決定或碰到的逆境擊倒，甚至被碾得粉身碎骨。但無論發生什麼，我們永遠不會喪失價值。生命的價值不因我們身份的高低而改變，也不仰仗我們結交的人物，而是取決於我們自身！永遠不要忘記這一點！

許多年來，沒有人敢在光天化日之下表示自己很重要，我們從小受到的教育都是我不重要。作為一名士兵，與輝煌的勝利相比，我不重要；作為一個單薄的個體，與渾厚的集體相比，我不重要；作為隨處可見的人的一分子，與寶貴的物質相比，我們不重要……我們否認了自身的價值，就是推卸了一種對生命的神聖承諾。

回溯我們誕生的過程，兩組生命基因的嵌合，更是充滿了人所不能把握的偶然性。我們每一個個體，都是機遇的產物。對於我們的父母，我們永遠是不可重複的孤本。無論他們有多少兒女，我們都是獨特的一個。沒有人能替代我們，就像我們不能替代別人一樣。

對於我們的伴侶，我們緊密地纏繞在一起。失去了妻子的男人，胸口就缺少了生死攸關的肋骨，心房裸露著，隨著每一陣輕風滴血；失去了丈夫的女人，就是齊腰折斷的琴弦，每一根都在雨夜長久地自鳴……

對於相交多年的朋友，就如同沙漠中的古陶，摔碎一件就少一件，再也找不到一模一樣的成品，面對這般的友情，我們還好意思說自己不重要嗎？我們每個人都應該認清並肯定自己的價值，我們的地位可能很卑微，我們的身份可能很渺小，但這絲毫不意味著我們不重要。

重要並不是偉大的同義詞，它是心靈對生命的允諾。

人們常常從成就事業的角度，斷定我們是否有價值，但這些都不能作為評定我們的標準。只要我們在時刻努力著，為光明在奮鬥著，我們就是無比重要地生活著。

08、信任的好處不但在於使我們相信別人，而在於更相信我們自己。

一個老人在他年輕的時候曾以貴賓身份參加一個博覽會，會上，一位技術嫻熟而膽識過人的飛機駕駛員布朗豪斯特邀請了這個老人坐飛機一起進行飛行表演。然而，當這名飛行員在空翻筋斗時，飛機突然失去了控制並掉在了地上，雖然兩人都倖免於難，但老人受傷不輕，連下顎骨都撞碎了。

過了一年左右，老人與家人參加了另一個有飛行表演的展覽會。老人的妻子和朋友談得很開心，過了一會，才發覺很長時間沒有看見老人。最後他回來了，既神情與奮，又滿臉笑容。「這麼久的時間你到哪裡去了？」老人的妻子如釋重負地問他。「去跟布朗豪斯特到空中兜風，他真是一個優秀的飛行員。」

「什麼？你又跟那個布朗豪斯特在一起？難道你忘記了一年前的事情？」老人的妻子驚訝地問。

「當然沒有。不過你要知道，我願意再跟他一起飛行，對他有多麼重要啊，相信一個人就等於幫助一個人，我使他恢復了自信。」

信任一個人有時候需要很多時間。

倘若你只信任那些能夠討你歡心的人，那是毫無意義的；

倘若你信任你所見到的每一個人，那你就是一個傻瓜；

倘若你毫不猶疑、匆匆忙忙地去信任一個人，那你就會有可能很快地被你所信任的那個人背棄；

倘若你只是出於某種膚淺的需要去信任一個人，那麼接踵而來的可能就是惱人的猜忌和背叛；

但是倘若你遲遲不敢去信任一個值得你信任的人，那就永遠不能獲得愛的甘甜和人間的溫暖，你的一生也將會因此而黯淡無光。

信任是一種有生命的感覺，信任也是一種高尚的情感，信任更是一種連接人與人之間的樞紐。你有義務去信任另一個人，除非你能證實那個人不值得你信任；你也有權受到另一個人的信任，除非你已經被證實不值得那個人信任。無論是信任別人還是被別人信任，都是一種無法言狀的幸福。

信任是一種力量和魅力，這種無形於有形之中的「活力」，大則可以振興一個民族，小則可以拯救一個靈魂。

二〇〇一年秋天，一個綽號「黑碳」的搶劫犯在西北一個勞改農場服刑，還有一年，他的刑期就滿了。

一天，隨隊外出修路時，「黑碳」撿到了一個皮質錢包，裡面有一些證件和一千元錢，他毫不猶豫地將這個錢包交給了隨隊的管教警官。可是這位警官用輕蔑的神態和口氣對他說：「你別來這一套！你別用自己平時積攢下來的勞務費變著花樣賄賂我！是不是想換積優減刑？像你這號人，就是不老實！」「黑碳」萬念俱灰！

他不敢想像因為獄中表現極佳已經兩次減刑的他歸根到底還是得不到

朝夕相伴的警官的信任！他不敢想像即便刑滿釋放走向社會，自己的親人和周圍熟知他的人們會用怎樣的眼光聚焦於他！

晚上，「黑碳」越獄了！亡命的途中，他大肆搶劫錢財，準備遠走高飛，離開使他曾經墮落也曾經負疚的這片土地。短短的時間內，搶劫到足夠錢財的他乘上了開往新疆邊境的火車。火車上很擠，他只好站在廁所旁。

這時，一位十分文靜的姑娘走進廁所，關門時發現插銷壞了。她走出來，輕聲細語地說道：「先生，真的不好意思。這個門的插銷壞了，您能為我把一會門嗎？」他一愣，看著姑娘純潔無瑕殷殷求助的眼睛，「黑碳」點了點頭。姑娘紅著臉進了廁所，而他卻像一位忠誠的衛士一樣不安並「盡職」地把守在門口。就是在那個時候，他忽然改變了主意—

他覺得，這個世界並不像他想像的那麼壞，在這個世界裡還有人信任著他，盡管這位純真的姑娘不知道他的歷史和他的現在。於是，「黑碳」又一次投案自首了。

不要遠離信任，因為信任會使我們活得輕鬆，也會為別人帶來希望。信任的產品是友誼。多一份友誼總是快樂的，沒有人會傻得連友誼這樣的產品都拒之門外。經常懷疑一切的人，是永遠得不到信任的人，是永遠被孤立起來的人，是生命的一種極大的不幸。

請相信：相信一個人就等於幫助一個人。信任別人，他們就會用真誠來回報你；善待他們，他們就會表現出自身的偉大品質。

09、人在必然世界裡有一個有限之極，在希望世界裡有一個無限之極。

某辦公室的門口有一個大魚缸，缸裡養著十幾條產自熱帶的雜交魚，那種魚長約三寸，長得特別漂亮，惹得許多人駐足觀賞。

一轉眼兩年時間過去了，那十幾條魚在這兩年裡似乎沒什麼太大的變化，依然是三寸來長，自由自在地在魚缸裡遊玩。

忽一日，魚缸的缸底被公司頭頭那頑皮的小兒子砸了一個洞，待人們發現時缸裡的水已所剩無幾，十幾條熱帶魚在那兒可憐巴巴地苟延殘喘，人們急忙把它們撿起來，四處張望，惟有外面的噴水池可以做它們的容身之所，於是，人們把那十幾條魚放了進去。

兩個月後，一個新的魚缸被抬了回來。人們都跑到噴水池邊來撈魚，撈上一條，人們大吃一驚，又撈上一條，人們又大吃一驚，等十幾條魚都撈出來的時候，人們簡直有點手足無措了。兩個月，僅僅是兩個月的時間，那些魚竟然都由三寸來長瘋長到一尺長。

人們七嘴八舌，眾說紛紜，有人說可能是因為噴水池的水是活水，魚才長得這麼快；有人說噴水池裡可能含有某種礦物質；也有人說那些魚可能吃了某種特殊的食物；但無論如何，都有共同的前提，那就是噴水池要比魚缸大得多。

年輕人的成長也是如此，要想使自己長得更快，就不要拘泥於一個小小的魚缸，而應尋找更廣闊的發展空間。

老年人怕遠，年輕人怕近。

怕遠，當然走不遠。老人剛出門，才走幾步路，就想著回家的路。主要是老年人走了一輩子，腳力自然大不如前，腳的力道衰微了，腳會告訴腦，你還是快回去吧，前面的路那麼長，目標遙遠，怎麼可能走得到？

老年人走不遠，老年人愛回家。大多數的老人甚至天天窩在家裡，根本不想往外走。年輕人不一樣。年輕人最怕鼻子對眼睛，整天在家裡和家人對望。年輕人腳步如飛，你甚至懷疑他們身上長著翅膀。他們總是飛到家人找不到的地方，三天兩頭不肯回家。

家，對他們來說只是吃飯睡覺的地方。吃足喝飽，他們就想往外跑，越遠越好，最好能夠飛到天之涯海之角。無論在車上或飛機上，他們倒頭就睡，醒來，立刻生龍活虎。只要有地方玩，有吃有喝，四處都是家。他們不戀床，適應力強，不像老年人，有許多自己的習慣，這樣不行，那樣不好。對年輕人來說，百無禁忌，只要離家遠遠的，沒有人管東管西，就是天堂。

外面的世界像吸鐵石，給予了年輕人無限的遐想，對年輕人來說，那是一首詩。是的，外面的世界如一首詩般的美麗。

遠，對於老年人來說，充滿了恐懼。路途一遙遠，老年人想到的，都是危險。

遠，代表陌生，陌生的地方，陌生的人，老人都會以疑懼的眼看對方。以不懷好意的眼睛看別人，別人看回來的眼光，自然也找不到善意。老人不能忍尿，一想到路上找廁所有多麼麻煩，出門的興頭就打消了，就越少出門。對老人來說，只要離開家門，外面的世界都不安全。

人的一生，自近而遠，由遠而近，年輕的時候向遠走，年老的時候，像一隻遠飛的候鳥，終究要回到自己最初的地方。所以，老年人要設法繼續往遠走，走遠，就是抗老。走不遠了，就要服老。

因為老年時候怕遠，年輕人啊，趁你如今體力腳力均佳，盡快往外跑吧，能走多遠就走多遠。

走得遠，世界屬於你；走得近，世界離你越來越遠。

所以，遠行要趁早！

10、假如一個人想要夢想成真，他首先必須醒過來。只要具備開始的勇氣，就會有成功的豪情。

病房裡同時住進兩位病人，都是鼻子不舒服。在等待化驗結果時，甲說，如果是癌，立即去旅行，並首先去拉薩。乙也同樣如此表示。結果出來了。甲得的是鼻癌，乙長的是鼻息肉。

甲列了一張告別人生的計劃表離開了醫院，乙住了下來。甲的計劃是：去一趟拉薩和敦煌；從攀枝花坐船一直到長江口；到海南的三亞，以沙灘和椰子樹為背景拍一張照片；在哈爾濱過一個冬天；從大連坐船到廣西的北海；登上天安門；讀完莎士比亞的所有作品；力爭聽一次瞎子阿炳原版的《二泉映月》；成為北京某大學的一名學生；寫一本書，凡此種種，共二十七條。

他在這張生命的清單後面這麼寫道：我的一生有很多夢想，有的實現了，有的由於種種原因，沒有實現，現在上帝給我的時間不多了，為了離開這個世界時不存遺憾，我打算用生命的最後幾年去實現還剩下的這二十七個夢想。

當年，甲就辭掉了公司的職務，去了拉薩和敦煌。第二年，又以驚人的毅力和韌性透過了成人考試，成為北京某大學中文系的一名學生。這期間，他登上過天安門，去了內蒙古大草原，還在一戶牧民家裡住了一個星期。現在這位朋友正在實現他出一本書的宿願。

有一天，乙在報上看到甲寫的一篇散文，打電話去問甲的病。甲說：「我真的無法想像，要不是這場病，我的生命該是多麼糟糕。是它提醒了我，去做自己想做的事，去實現自己想去實現的夢想。現在我才體味到什麼是真正的生命和人生。你生活得也挺好吧？」乙沒有回答。因為他在醫院時說的──去拉薩和敦煌的事，早已因患的不是癌症而放到腦後去了。

《哈利、波特》裡有一面魔鏡，當你看到魔鏡時，就會看到自己最大的夢想成真時的情景。老校長對哈利．波特說，魔鏡最可怕的地方就是當人們看到魔鏡裡的情景時，會沈迷於夢想成真的情景而無法自拔，從而無法投入現實。

我們常常對生活寄予期望，卻更喜歡在想像成功之中意淫度過，那就是因為我們每個人心中都有一面魔鏡。不過有的人會沈迷於魔鏡無法自拔，有的人會從魔鏡中獲取決心和力量。

人生總有許多理想和憧憬，假使你能夠將一切憧憬都抓住，將一切理想都實現，將一切計劃都執行，則你事業上的成就，真不知會怎樣的宏大；你的生命，也不知要怎樣的偉大！

然而，總是有很多人有憧憬而不去抓住，有理想而不去實現，有計劃而不去執行，最終使各種憧憬、理想、計劃破滅。

希臘神話中，智慧女神雅典娜，有一天突然從丘比特的頭腦中披甲執戈一躍而出。人們最高的理想、最大的創意、最宏偉的憧憬也像雅典娜一樣，往往是在某一瞬間突然從頭腦中很完備、很有力地躍出來的。

比爾．蓋茲認為，凡是有力量、有能耐的人，總是能夠在對一件事情充滿熱忱的時候，就立刻去做。

每天有每天的事，今天的事是新鮮的，與昨天的事不同，而明天也自有明天的事。拖延的習慣有礙於做事。過度慎重與缺乏自信都是做事的大忌。在興趣濃厚的時候做一件事，與在興味索然時做一件事，其間的難易苦樂相差很大。

在興趣濃厚時，做事是一種喜悅；興味索然時，做事是一種痛苦。如果將今天的事留待明天去做，那麼，我們會覺得很不愉快；在當初可以很愉快很容易做好的事，拖延了數日之後，就會顯得討厭與困難了。

人生中總是有好多的機會到來，但總是稍縱即逝。我們當時不把它抓住，以後就永遠失掉了。

有計劃而不去執行，使之煙消雲散，這將對我們的品格力量產生不良的影響。有計劃而努力執行，這就能增強我們的品格力量。有計劃沒有什麼了不起，能執行定下的計劃才算可貴。

一個生動而強烈的意象、觀念突然閃入一位作家的腦際，使他生出一種不可阻遏的衝動—想提起筆來，將那美麗生動的意象、觀念記錄下來。但那時他或許有些不方便，所以沒有立刻就寫。那個意象不斷地在他腦海中活躍、催促，然而他最終沒有行動。後來那意象便逐漸模糊、暗淡了，直到最後完全消失！

一個神奇美妙的印象突然閃電般地侵入一位藝術家的心間，但是，他不想立刻提起畫筆將那不朽的印象繪在畫布上。這個印象佔據了他全部的心靈，然而他總是不跑進畫室埋首揮毫。最後，這幅神奇的圖畫也會漸漸地從他的心扉上淡去！

與其不嘗試而失敗，不如嘗試了再失敗，不戰而敗是一種極端怯懦的行為。

如果想讓你的生活富有意義、充實，就開始行動，為你的夢想做點什麼。

在這個世界上，其實我們每個人都患有一種癌症，那就是不可抗拒的死亡。我們之所以沒有像那位患鼻癌的人一樣，列出一張生命的清單，去實現夢想，也許是因為我們認為我們還會活得更久。

然而，也許正是這一點量上的差別，使我們的生命有了質的不同：有些人把夢想變成了現實，有些人把夢想帶進了墳墓。

11、生命不要求我們成為最好的，只要求我們作最大的努力。

美國阿肯色州的密西西比河大堤被洪水衝垮，一個九歲的黑人小男孩的家被沖毀，在洪水即將吞噬他的一剎那，母親用力把他拉上了堤坡。

後來，男孩八年級畢業了，因為阿肯色的中學不招收黑人，他只能到芝加哥讀中學。家裡沒有那麼多錢，這時，母親作出了一個驚人的決定──讓男孩複讀一年。她則為整整五十名工人洗衣、熨衣和做飯，為孩子攢錢上學。

第二年夏天，家裡湊足了那筆血汗錢，母親帶著男孩踏上了火車，奔向陌生的芝加哥。在芝加哥，母親靠當傭人謀生。男孩以優異的成績中學畢業，後來又順利地讀完大學。

此後，他創辦了一份雜誌，但最後一道障礙，是缺少五百美金的郵費，不能給訂戶發函。一家信貸公司願意借貸，但有個條件，得有一筆財產抵押。母親曾分期付款好長時間買了一批新家具，這是她一生最心愛的東西，但她最後還是同意將家具作了抵押。

最後，那份雜誌獲得了巨大成功。男孩終於能做自己夢想多年的事情了：將母親列入他的工資花名冊，並告訴她算是退休工人，再不用工作了。那天，母親哭了，那個男孩也哭了。

後來，在一段反常的日子裡，男孩經營的一切彷彿都墜入谷底，面對巨大的困難和障礙，男孩已無力回天。他心情憂鬱地告訴母親：「媽媽，看來這次我真要失敗了。」

「兒子，」她說，「你努力試過了嗎？」

「試過了。」

「非常努力嗎？」

「是的。」

「很好。」母親果斷地結束了談話，「無論何時，只要你努力嘗試，就不會失敗。」

命運好比是你在快速前進的道路上橫亙的一堵牆。你飛快地衝過去，其結果就只有兩種可能：要麼你破牆而出；要麼你就頭破血流。終究會有百分之五十的機會成功。

如果你試圖躲避，不敢去面對命運的挑戰，那麼百分之一百你會失去努力過的失敗不可怕，而放棄的失敗可能會毀掉你的一生。幾乎每個勝利者，都曾失敗過。勝利者與失敗者的區別就在於：勝利者屢敗屢戰，絕不輕言放棄；失敗者幾經挫折，很快地放棄了努力。

海洋裡有兩種魚：鯪魚和鰷魚。鯪魚喜歡吃鰷魚，鰷魚總是躲避鯪魚。有人曾做過一個實驗：用玻璃把一個水池隔成兩半，把一條鯪魚和一條鰷魚分別放在玻璃板的兩側。開始時，鯪魚要吃鰷魚，飛快地向鰷魚游去，可一次次都撞在玻璃板上，遊不過去。過了一會兒工夫，鯪魚放棄了努力，不再向鰷魚那邊遊去。

更有趣的是，當實驗者將玻璃隔板抽出來之後，鯪魚也不再嘗試去吃鰷魚了～鯪魚失去了吃鰷魚的信心，放棄了努力。

作為萬物之靈的人，有時也會犯鯪魚那樣的錯誤。還記得四分鐘跑完一英里的故事嗎？

自古希臘以來，人們一直試圖達到四分鐘跑完一英里的目標。為了達到這一目標，人們曾經讓獅子追趕奔跑者，也曾喝過虎奶，但都沒有實現。於是，許多醫生、教練員和運動員斷言～人在四分鐘內跑完一英里是絕對不可能的。因為人的骨骼結構，肺活量不夠大，風的阻力等原因，理由實在很多。

然而，一個人首先開創了四分鐘跑完一英里的記錄，證明了許多醫生、教練員、運動員的結論是錯的。這個人就是羅傑、班尼斯特。更令人驚奇的是，一馬當先，引來了萬馬奔騰。在此後的一年，又有三百多名運動員在四分鐘內跑完了一英里的路程。

真正的強者不是一生的順利，而是屢戰屢敗，屢敗屢戰。因為跌倒後能有爬起來勇氣的人才是真正的英雄。有所不為才能有所為。人生有很多可以放棄的東西，但萬萬不可輕言放棄的是：努力。在由失敗通往勝利的征途上有道河，叫「放棄」。由失敗通往勝利的征途上有座橋，叫「努力」。

當然，不是所有的努力都有收穫，不是所有的誇父都會留在人們的記憶裡。誇父倒下了，他倒在追逐的路途上，他身後那片茂密的桃林為後代充饑解渴。而他倒下時，除了有一點點的惋惜之外，應是無怨無悔的，他沒有辜負自己的追求，沒有愧對自己的理想。因為他從未放棄過努力，放棄過追求，放棄過奮鬥。

凡是努力過的，必定會留下痕跡；凡是存在過的，必定會有所影響。

人生中的每一份學習，就是你自己的每一份資產。在做任何事的時候，不要一味地去想它的結果會如何，因為事情的結果往往不是我們可以控制的。

但是，我們可以讓自己努力去做，不是嗎？既然決定要做了，為什麼不努力把它做好呢？我相信，只要努力過，無論事情的結果是不是我們所期望的，我們都不會有遺憾的。

人生中許多事情的得失成敗不可預料，也承擔不起，我們只要不放棄努力就不算失敗。我們想享受成功，所以渴望到達終點，但那無非是另一個起點。生命中的大部分時間，我們都在努力著，不管結果怎樣，只要我們努力過。

所以，只要你還沒放棄努力，那麼就不算失敗。

12、上天給你的生命只不過是許多分鐘而已，你必須要好好利用每一分鐘。

班傑明．佛蘭克林曾經接到一個青年人的求教電話，並與那個向往成功、渴望指點的青年人約好了見面的時間和地點。

待那個青年人如約而至時，佛蘭克林的房門大大地敞開著，眼前的景象卻令青年人很意外—班傑明的房間裡亂七八糟，一片狼藉。

沒等青年人開口，佛蘭克林就招呼道：「你看我這房間，太不整潔了，請你在門外等我一分鐘，我收拾一下，你再進來吧。」一邊說著佛蘭克林一邊輕輕地關上了房門。

不到一分鐘的時間，佛蘭克林又打開了房門，並熱情地把青年人讓進客廳。這時，青年人的眼前展現出另一番景象—房內的一切已變得井然有序，而且有兩杯剛剛倒好的紅酒，在淡淡的香水氣息中還漾著微波。

可是，沒等青年人把滿腹的有關人生和事業的疑難問題向佛蘭克林講出來，佛蘭克林就非常客氣地說：「乾杯。你可以走了。」

青年人手持酒杯一下子愣住了，既尷尬又非常遺憾地說：「可是，我……我還沒向您請教呢……」

「這些……難道還不夠嗎？」佛蘭克林一邊微微笑著一邊掃視著自己的房間，輕言細語地說：「你進來又有一分鐘了。」

「一分鐘……一分鐘……」青年人若有所思地說，「我懂了，您讓我明白了一分鐘的時間可以做許多事情，可以改變許多事情的深刻道理。」

佛蘭克林舒心地笑道：「上天給你的生命只不過是許多分鐘而已，你必須要好好利用每一分鐘。」

青年人把杯裡的紅酒一飲而盡，向佛蘭克林連連道謝後，開心地走了。

俄國著名詩人普希金曾經寫過一首詩──《生命的驛站》。他為我們描繪了這樣一幅生動的畫面：

一位白髮蒼蒼的老人，趕著一輛滿載旅客與貨物的驛車，在路上飛馳。他穿過茫茫的大森林，跨過滾滾的河流，跑過芬芳的花園和草地，邁過泥濘的小道和沼澤，向著終點站一刻不停地駛去。那位老人是時間，而車上坐著的，有你，有他，也有我。

每個人自出生的那一刻起，就坐上了生命的驛車，駛向終點。一旦它停止不動，生命也就隨之消失了。

我們坐在驛車上的那段時間，也許只是短短的一瞬，也許要過漫長的許多年。人生路的盡頭，誰也不知道在哪裡，所以抓緊生命裡的每一分鐘，就顯得尤為重要。

時鐘總是在滴答滴答永不休止地擺動著，後一秒總把前一秒推入無底的深淵，與其整日憂鬱抱怨，倒不如好好把握生命中的每一分鐘。在你和別人玩耍懈怠生命的時候，別人正在做其他有益的事情；時間不會因你而停留，它總是永遠不間歇地向明天挺進。善待生命中的每分每秒，是對生命的敬重。

每個人每一天都只有一千四百四十分鐘，你的態度決定了你怎樣去利用它。你所擁有的只是現在。內心的平靜，工作的成效，都決定於我們要如何度過現在這一刻。

不論昨天曾發生過什麼事，也不論明天即將發生什麼，你永遠置身於「現在」。從這個觀點來看，快樂與滿足的秘訣，就是全心全意集中於現在的每一分、每一秒之上。

一分鐘，可以用來微笑，對他人，對自己，對生活微笑；

一分鐘，可以用來看路，觀賞美麗的花朵，感受濕潤的草地，或者欣賞清澈透明的流水；

一分鐘，可以用來靜靜地傾聽，或者歌唱；

一分鐘，可以緊緊握住他人的手，贏得一個新朋友；

一分鐘，可以感受肩負的責任，等待的焦慮、猶豫和悲哀，失望的無奈，孤獨的淒涼，失敗的痛苦，勝利的歡樂；

一分鐘可以用來鼓勵一個人或使之氣餒，一分鐘足以讓人選擇重新生活；

一分鐘的關注足以使兒子、父親、朋友、學生、老師等感到幸福。僅僅一分鐘便足以構築永恒。

一分鐘有時似乎無足輕重，但當我們向一位永遠離去的朋友致敬時就會重視這一分鐘。當上班是否遲到取決於一分鐘時，我們就會珍惜這一分鐘。我們也希望生活能多給將與我們生離死別的人一分鐘。

在短短的一分鐘裡，人們可以去愛、尋求、分享、寬恕、等待、相信，獲勝；

在短短的一分鐘裡，甚至可以拯救一條生命；在短短的一分鐘裡，一個人說個「是」，或另一個人說個「不」，都可能改變你的整個生活。一分鐘似乎非常短暫，卻能在我們的生活中留下深深的印痕。

有人說過：「上天給你的生命只不過是許多分鐘而已，你必須要好好利用每一分鐘。」如果大家平時都能記住這句話我們就能學會珍惜生活。

珍惜每一分鐘，讓生命之鍾記錄你度過的每一分鐘。把握生命裡的每一分鐘，就活在此刻！

不要再沈溺在自己過去的失敗與輝煌中，也不要再為未知的以後幻想浪費太多的時間，因為這會阻礙我們的前進步伐，認真、仔細地活在現在，用心地感受現在，你會發現生活會變得更美好……

13、貪婪是最真實的貧窮，給予是最真實的富有。

從前有個人，在沙漠中迷失了方向，他饑渴難忍，瀕臨死亡。可是他仍然拖著沈重的腳步，一步一步地向前走，終於他發現了一間廢棄的小屋。

這間屋子已久無人住，風吹日曬，搖搖欲墜。在屋前，他發現了一個吸水器，於是便用力抽水，可滴水全無。他氣惱至極。

忽又發現旁邊有一個水壺，壺口被木塞塞住，壺上有一個紙條，上面寫著：「你要先把這壺水灌到吸水器中，然後才能打水。但是，在你走之前一定要把水壺裝滿。」他小心翼翼地打開水壺塞，裡面果然有一壺水。

這個人面臨著艱難的抉擇，是不是該按紙條上所說的，把這壺水倒進吸水器裡？如果倒進去之後吸水器不出水，豈不白白浪費了這救命之水？

相反，要是把這壺水喝下去就會保住自己的生命。

一種奇妙的靈感給了他力量，他下決心照紙條上說的做。果然吸水器中湧出了泉水。他痛痛快快地喝了個夠！休息一會，他把水壺裝滿了水，塞上壺蓋。

在紙條上加了幾句話：「請相信我，紙條上的話是真的，你只有把生死置之度外，才能嘗到甘美的泉水。」

有人和上帝談論天堂與地獄的問題。上帝對這個人說：

「來吧，我讓你看看什麼是地獄。」他們進了一個有一群人圍著一個大鍋肉湯的房間，每個人看起來都營養不良，饑餓絕望。每個人手裡都拿著一隻可以夠到鍋的湯勺，但湯勺的柄比他們的手臂長，沒法把肉湯送到嘴裡。

「來吧，我再讓你看看什麼是天堂。」上帝把他帶到了另一個房間，這個房間和地獄的房間沒有什麼兩樣，一群人，一鍋湯，一樣的湯勺柄。但每個人都很快樂，吃得也很愉快。

「我不懂，」這人說，「為什麼他們很快樂，而另一個什麼都一樣的房間裡，人們卻很悲慘？」上帝微笑著說：「很簡單，在這兒他們都會去餵食別人。」

對於只知道索取的人，人間猶如地獄。只有勇於給予的人，人間才猶如天堂，因為他（她）心裡充滿了愛，生活如陽光般燦爛。幸福是一種給予。

每一顆種子都蘊涵著千木成林的諾言。但是不能把它們貯存起來，必須還之於肥沃的土地。每一種關係都是一次給予和接受。給予產生接受，接受又產生給予。上升之物必會降落，輸出的也必會回歸。

事實上，接受與給予是同樣的東西，它們是宇宙中能量流動的不同面而已。

如果你停止其中的任何一種流動，你就干擾了自然的神智。就像你給予的越多，你獲得越豐，因為宇宙的富足在你的生命中流轉。

生命中一切有價值的東西都只會在給予時才能變出萬千種。在給予中沒有變化的東西既不值得給予，也不值得接受。

如果在給予別人時你若有所失，那麼，這種給予不是真正的給予，因而也就不會有所提升。如果你勉為其難地給予，在這種給予背後沒有絲毫的能量存在。

你在給予和接受當中所懷的意願是最為重要的。你的意願應該總是為給予和接受者都創造出快樂，因為快樂既是生命的支撐，又是生命得以延續的動因，而且，快樂是一切增長之本。

當給予是無條件和真誠的時候，回報也是成正比的。

所以給予這一活動必須是充滿快樂的—你的精神在給予時產生快樂的感覺。這樣在給予背後的能量就會成倍地增長。

練習給予法則實際上易如反掌：如果你需要快樂，就給予別人快樂；如果你需要愛，就學會付出愛；如果你需要別人的關注和欣賞，就學會對別人關注和欣賞；如果你想物質上富有，就先幫助別人富有起來。

生命是意識的永恒之舞，它在宏觀世界和微觀世界之間、人世和宇宙之間、人類思想和宇宙思想之間不停地交換生機勃勃的智慧能量並由此表現自己。

當你學著付出你所追求的東西時，你同時也在促成編排出一出優雅生動、活力十足的舞蹈，它構成了永恒的生命的律動。

14、上帝給了我們耳朵，是讓我們能聽到世間所有紛雜的聲音；人類給了自己愛心，是讓我們將所有紛雜的聲音轉換成一種無言的關愛。

飛機出故障了，乘客按照空服員的指示，只能做一件事：寫下遺囑。可是，今天是耶誕節啊，有多少家庭等著他們的歸來。

他向上帝祈禱，希望可以平安回家。他愛他的孩子，他的妻子。那種等待死神光臨的恐懼，他不敢想像，他就要失去一切了。

但是，他們和死神擦肩而過。飛機上的乘客虛驚一場……那是一種與奮，一種劫後重生的安慰。

下了飛機的他帶著禮物回到家裡，他要告訴他的家人，他沒有死，雖然幾乎被恐懼折磨死。

家裡早就被妻子裝點得溫馨快樂，一家人等待著他的歸來。他回來了，他想告訴他們在飛機上寫下遺囑時，他是多麼需要他們，他要告訴他們，他大難不死更要好好陪自己的家人，完成他好久之前沒有完成的許諾。

他的妻子和孩子很高興看到他回來，他們忙著拆禮物，忙著送禮物，忙著告訴他，他們最近的快樂。他的聲音被淹沒了，沒有人注意他的語言，沒有人關注他的大難不死……

他默默走進臥房，關上門……

等到家人找到他的時候，他已經在自己的房間裡自殺了。

在人心浮躁的資訊時代，在喧囂繁雜的街頭，在雲雲眾生間，在各種聲音、各種音像鋪天蓋地彌漫而來的時刻，選擇做一個靜靜的聆聽者，應該是一個美麗智慧的選擇。

生活中時時有人需要我們的傾聽，不帶偏見，拋去城府，撇開功利，用焚香沐浴後的潔淨，做一個平和的諦聽者，讓傾聽者擁有一份寧靜坦蕩的心靈，擁有一個默然無聲的關注。傾聽父母的嘮叨，能享受到「慈母手中線，遊子身上衣，臨行密密縫，意恐遲遲歸」的摯愛；傾聽親人的問候，能享受到「但願人長久，千里共嬋娟」的祝福；傾聽朋友的心聲，能享受到「記憶體知己，天涯若比鄰」的情意；傾聽身邊人的故事，能享受到「同是天涯淪落人，相逢何必曾相識」的感慨。

學會傾聽，享受傾聽，你會意外地發現一些在你原本看來極其平常的話語，突然有了魔力，它讓你感動，讓你在意。

享受傾聽，可以使彼此心靈的微風掠過幽暗淒涼，可以使我們含愁的目光變得輕柔飄揚；享受傾聽，可以在對方潺潺的心靈小溪裡，投下一顆愛的石子，激起一圈圈美妙的漣漪；享受傾聽，可以使自己擁有一顆包容的心，用自己的豁達和寬厚感染著每一個傾訴的人，體貼著每一顆渴求傾訴的心，使世界在我們眼裡變得明朗。

傾聽是一種姿態，是一種關愛，因為傾聽，我們學會了用眼睛用心靈

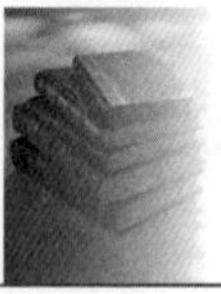

捕捉對方的一切，感受世間的美好。

善於傾聽，不僅僅是你的一種同情心和理解力讓你擁有了很多的朋友，也不僅僅是你的陽光在單向地付出。每個人的生活都要經歷風雨，每個人都是一部蘊涵豐富的教科書，甚至百科全書，那裡為你提供可以借鑒的養分和可以閱讀的人生之歌，它會時時提醒你，避開生活中的泥濘與沼澤，讓你成功。

所以，我們要善於去接近和愛周圍所有的人，要學會傾聽他們的傾訴，對你周圍的親人、朋友，甚至所有不相干的陌生人，伸出你的手。在別人最困難迷惑的時候拉上一把，去用心地傾聽，就是一種深愛，你的愛，就可以帶給大家溫暖和陽光。

善待傾訴，學會傾聽，享受傾聽吧……用我們廣闊的胸襟，用我們生命的激蕩，去書寫人生的安詳篇章，去詠歎友誼的青春暢想，去感受親情的溫馨安逸……

15、沒有卑微的工作，只有卑微的工作態度。

一個乞丐跪在路邊向路人叩頭。人們看他實在太可憐，都紛紛施捨一些零錢給他。一天，乞丐一分錢也沒能要上。他跪在地上，眼巴巴地看著前面，期待好心人出現。正在這時，一個風度翩翩的先生走了過來，於是他叩頭的速度更快，叫聲也更加悽楚：「好心的先生，給點錢吧，給點錢吧！」他哀切的乞求聲引起了那位先生的注意，他停下了腳步。

「站起來吧，對跪著要錢的人，我向來是分文不給的。」

一般的路人不給就不給，連一句話都不說。而這句話像是給乞丐施了魔法一般，乞丐站了起來，他不知道自己站了起來是因為想要到錢，還是因為別的。他伸出手去，但那位先生還是絲毫沒有給錢的意思。

「知道我為什麼不給你錢嗎？」

「不知道！」乞丐搖了搖頭。

「因為第一，任何人不欠你的錢，他沒有義務給你錢；第二，你年輕力壯，應該自食其力，不應該向人要錢；第三，就算要錢，也應該是不卑不亢的，可你卻跪著要錢，為了幾文小錢就給人下跪叩頭，你也太自輕自賤了。你自己不把自己當人，怎麼指望別人把你當人呢？」

「不給就不給，說那麼多幹嘛？」乞丐有些不耐煩了。

「我不給你錢，我也不給任何人錢。但是我可以把錢借給你，你可以用這筆錢做些小生意，等以後條件好了你再還給我。」那位先生把錢和名片一起遞了過來：「我相信你一定能憑著自己的勞動賺上你應該掙到的錢。」

乞丐的眼睛眨了半天，終於，兩行熱淚從他臉上滑了下來，自從在街頭行乞以來，還一直沒有人對他說過這樣的話，人們對他除了辱罵就是嘲笑，這樣推心置腹的交談還是第一次。

一個「借」字使他恢復了自尊，感到了信任。他從自暴自棄中走了出來，從別人的憐憫中走了出來。他用那位先生借給他的一筆錢做起了生意。幾年以後，他成了一名成功的商人。他按那位先生留下的名片去還錢，出來開門的是那位先生的兒子。那位好心的先生已經在半年前去世了。透過交談，他才得知，那位先生以前也曾經是一個乞丐，多虧一位好心先生的幫助，才開始了新的生活……

無論你貴為君主還是身為平民，無論你是男還是女，都不要看不起自己的工作。如果你認為自己的工作是卑賤的，那你就犯了一個巨大的錯誤。

羅馬一位演說家說：「所有手工勞動都是卑賤的職業。」從此，羅馬的輝煌歷史就成了過眼雲煙。亞里士多德也曾說過一句讓古希臘人蒙羞的話：「一個城市要想管理得好，就不該讓工匠成為自由人。那些人是不可能擁有美德的。他們天生就是奴隸。」

今天，同樣有許多人認為自己所從事的工作是低人一等的。他們身在其中，卻無法認識到其價值，只是迫於生活的壓力而工作。他們輕視自己所從事的工作，自然無法投入全部身心。他們在工作中敷衍塞責、得過且過，而將大部分心思用在如何擺脫現在的工作環境上了。這樣的人在任何地方都不會有所成就。

所有正當合法的工作都是值得尊敬的。只要你誠實地工作和創造，沒有人能夠貶低你的價值，關鍵在於你如何看待自己的工作。那些只知道要求高薪，卻不知道自己應承擔的責任的人，無論對自己，還是對老闆，都是沒有價值的。

也許某些行業中的某些工作看起來並不高雅，工作環境也很差，無法得到社會的承認，但是，請不要無視這樣一個事實：有用才是偉大的真正尺度。在許多年輕人看來，公務員、銀行職員或者大公司白領才稱得上是紳士，其中一些人甚至願意等待漫長的時間，目的就是去謀求一個公務員的職位。但是，同樣的時間他完全可以透過自身的努力，在現實的工作中找到自己的位置，發現自己的價值。

工作本身沒有貴賤之分，但是對於工作的態度卻有高低之別。看一個人是否能做好事情，只要看他對待工作的態度。而一個人的工作態度，又與他本人的性情、才能有著密切的關係。一個人所做的工作，是他人生態度的表現，一生的職業，就是他志向的表示、理想的所在。所以，瞭解一個人的工作態度，在某種程度上就是了解了那個人。

如果一個人輕視自己的工作，將它當成低賤的事情，那麼他絕不會尊敬自己。因為看不起自己的工作，所以倍感工作艱辛、煩悶，自然工作也不會做好。當今社會，有許多人不尊重自己的工作，不把工作看成創造一番事業的必由之路和發展人格的工具，而視為衣食住行的供給者，認為工作是生活的代價，是無可奈何、不可避免的勞碌，這是多麼錯誤的觀念啊！

那些看不起自己工作的人，往往是一些被動適應生活的人，他們不願意奮力崛起，努力改善自己的生存環境。對於他們來說，公務員更體面，更有權威性；他們不喜歡商業和服務業，不喜歡體力勞動，自認為應該活得更加輕鬆，應該有一個更好的職位，工作時間更自由。他們總是固執地認為自己在某些方面更有優勢，會有更廣泛的前途，但事實上並非如此。

那些看不起自己工作的人，實際上是人生的懦夫。與輕鬆體面的公務員工作相比，商業和服務業需要付出更艱辛的勞動，需要更實際的能力。當人們害怕接受挑戰時，就會找出許多藉口，久而久之就變得看不起自己的工作了。萊伯特對這種人曾提出過警告：「如果人們只追求高薪與政府職位，是非常危險的。它說明這個民族的獨立精神已經枯竭，或者說得更嚴重些，一個國家的國民如果只是苦心孤詣地追求這些職位，會使整個民族像奴隸一般地生活。」

天生我才必有用，懶懶散散只會給我們帶來巨大的不幸。有些年輕人用自己的天賦來創造美好的事物，為社會作出了貢獻；另外有些人沒有生活目標，縮手縮腳，浪費了天生的資質，到了晚年只能苟延殘喘。本來可以創造輝煌的人生，結果卻與成功失之交臂，不能說不是一個巨大的遺憾。一個農夫，既有可能成為華盛頓之類的人物，也可能終日面對黃土背朝天，一直到老。

16、一隻腳踩扁了紫羅蘭，它卻把香味留在那腳跟上，這就是寬恕。

競選總統前夕，林肯在參議院演說時，遭到了一個參議員的羞辱，那個參議員說：「林肯先生，在你開始演講之前，我希望你記住你是一個鞋匠的兒子。」

林肯轉過頭對那個傲慢的參議員說：「非常感謝你使我記起了我的父親，他已經過世了，我一定會永遠記住你的忠告，我知道我做總統無法像我父親做鞋匠做得那樣好。據我所知，我的父親以前也為你的家人做過鞋子，如果你的鞋子不合腳，我可以幫你改正它。雖然我不是偉大的鞋匠，但我從小就跟父親學到了做鞋子的技術。」然後，他又對所有的參議員說：「對參議院的任何人都一樣，如果你們穿的那雙鞋是我父親做的，而它們需要修理或改善，我一定盡可能幫忙。但有一件事是可以肯定的，他的手藝是無人能比的。」

說到這裡，他流下了眼淚，所有的嘲笑都化成了真誠的掌聲。林肯果然當上了總統。

有人對林肯總統對待政敵的態度頗有微詞：「你為什麼要試圖讓他們成為朋友呢？你應該想辦法去打擊、消滅他們才對。」「我難道不是在消滅政敵嗎？當我使他們成為我的朋友時，政敵就不存在了。」林肯總統溫和地說。寬容是一種力量。當人們掌握並動用這種力量的時候，人們自然就會顯得自信和強大，而不是軟弱，是堅忍不拔。

在生活的長河中，你一定受到過無辜的傷害，你會難過、憤慨，因為你本不該受到這樣的傷害，這種傷害會深深地根植於你的腦海裡，似海潮中的暗礁，當潮退霧散時，便顯現出來，不時地刺痛你的心，此時，能夠阻止這種「刺痛」的力量就是—寬容。

「寬容是在荊棘叢中長出來的穀粒。」這是千真萬確的。寬容就是忍耐，惟有寬容，才能撫平人們心中的陣陣傷痛，癒合昔日的傷口，打開一道通向永恒的大門。

寬容裡包含著愛，它包括尊重和體諒。用達爾文進化論的觀點來看，人要生存，就要不斷地適應環境。此時不妨做個逆向思考：或許傷害你的人，也是要生存，或許是要生存得更好一些？而我們不也是為了生存得好一些嗎？

寬容裡包含著愛，它包括真誠和給予。將自己坦誠地交給他人，也會使他人由衷地獻身於你。

巴爾扎克說過，靈魂要吸收一顆靈魂的感情來充實自己，然後以更豐富的感情回送人家。

人與人之間有了這點美妙的關係，心靈才能充滿生機。當大家與寬容同行時，人與人之間就會產生一股足以融化冰峰的暖流……使人們的生存空間變得融洽、和諧，社會向更美好的方向發展。

生活中應寬容的事件很多。每天上班，面對電梯廂擁擠超載的狀況，不急不惱，轉身去爬樓，既活動又健身，不亦樂乎！戀愛受挫，不自怨自艾，不銜恨報復，多檢討自我不足，期盼「春風又綠江南岸」，不亦樂乎！官場失意、股市被套，不患得患失，報以平常心，「名利水中月，榮辱天外雲」，從煩惱中自我解脫，不亦樂乎！

唐代高僧寒山有詩云：「有人來罵我，分明了了知，雖然不應答，卻是得便宜。」如此的寬容，已經到了修身養性的高深境界，揣摩玩味，不亦樂乎！

雨果說：「世界上最寬闊的是海洋，比海洋寬闊的是天空，比天空更寬闊的是人的胸懷。」寬容是一種博大，它能包容人世間的喜怒哀樂；寬容是一種境界，它能使人生躍上新的臺階。人的一生是不斷自我完善的過程。別人有些過失，若能予以正視，並以適當的方式批評和幫助，便會避免大錯；自己有了過失，亦不必一蹶不振，努力從中吸取教訓，重新揚起工作和生活的風帆。

你要寬容別人的齟齬、排擠甚至誣陷。因為你知道，正是你的力量讓對手恐慌。你更要知道，石縫裡長出的草最能經受風雨。「一隻腳踩扁了紫羅蘭，它卻把香味留在那腳跟上，這就是寬恕。」安德魯·馬修斯在《寬容之心》中說了這樣一句能夠啟人心智的話。

17、人應有的功能是生活，而不是生存。

著名作家畢淑敏在一所很有名望的大學演講，期間不斷有紙條遞上去。紙條上提得最多的問題是：「人生有什麼意義？請你務必說真話，因為我們已經聽過太多言不由衷的假話了。」

畢淑敏念完紙條後臺下響起了掌聲。她說：「你們今天提出這個問題很好，我會講真話。我在西藏阿里的雪山之上，面對著浩瀚的蒼穹和壁立的冰川，如同一個茹毛飲血的原始人，反覆地思索過這個問題。

我相信，一個人在他年輕的時候，是會無數次地叩問自己──我的一生，到底要追索怎樣的意義？

「我想了無數個晚上和白天，終於得到了一個答案。今天，在這裡，我將非常負責任地對大家說，我思索的結果是人生沒有任何意義的！」這句話說完，全場出現了短暫的寂靜，如同曠野。但是，緊接著就響起了暴風雨般的掌聲。

畢淑敏很快做了一個「暫停」的手勢，接著說道：「大家先不要忙著給我鼓掌，我的話還沒有說完。我說人生是沒有意義的，這不錯，但是——我們每一個人要為自己確立一個意義！」

關於人生意義的討論，充斥在我們的周圍。很多說法，由於熟悉和重複，已讓我們從熟視無睹滑到了厭煩。

可是，這不是問題的真諦。真諦是，別人強加給你的意義，無論它多麼正確，如果它不曾進入你的心靈，它就永遠是身外之物，比如我們從小就被家長灌輸過人生意義的答案。在此後漫長的歲月裡，諄諄告誡的老師和各種類型的教育，也都不斷地向我們批發人生意義的補充版。

但是，有多少人把這種外在的框架，當成了自己內在的標杆，並為之下定了奮鬥終生的決心？

在美國的著名學府哈佛大學，有很多人在青年時代也未確立自己的目標。一則材料曾顯示，某年哈佛的畢業生臨出校門的時候，校方對他們做了一個有關人生目標的調查，結果是百分之二十七的人完全沒有目標，百分之六十的人有近期目標，只有百分之三的人有著清晰長遠的目標。二十五年過去了，那百分之三的人不懈地朝著一個目標堅韌地努力，成了社會的精英，而其餘的人，成就相差很多。

人生本是無意義的，但是怎樣擺脫虛無卻是有意義的。

王朔的意義在於砸碎那些沒有意義的假崇高，伍迪·艾倫的意義就在於不斷指出人生的荒謬。而我們也該為自己的人生確立一個意義。

魯迅曾說過：「我們活著，是因為我們還有夢想；只要我們活著一日，我們就要為真理戰鬥一日。」一個人的理想，能夠對他的人生起到提升的作用。

比如說，如果你只立志做一株花，你就很難長成一棵樹—即便給你長成樹的機會；而你要是立志做一棵樹，那麼你即便長不成參天的巨松，也起碼能長成一顆結實的小樹。

靳羽西—這個被公認為既漂亮又成功的女人，曾被美國《人物》雜誌譽為「中國最有名的女人」。她在接受記者訪問時，談到自己的容貌與成就。她是這樣說的：「我長得並不十分漂亮，但是透過改變髮型、化妝和穿著，你們看到了不同個性的我……我的成功是從零開始的，我在政府高層沒有親戚，我也沒有一個給我百萬家財的丈夫。當我作為移民初到紐約時，口袋裡只有一百五十美元。一切的一切都需要我努力工作才換得來。我從微不足道的起點開始建立起我的關係。使我非常自豪的是，我的電視片、化妝品，還有玩具娃娃都影響了成千上萬的人。」那麼，這樣一個並不十分漂亮，也沒有太多外界有利條件的女性為什麼能有今日的不凡的成就？靳羽西的答案是—「如果你渴望成功，你就能得到它！」

你要做一棵樹，才能找到自己立足的土地，才會有自己的一片天空。這是攀援樹的藤蘿所不可能實現的夢想，也是嬌嫩的花朵不可能擁有的未來。

雖然一個胸懷理想的人，要付出的努力會多得多，經歷的風霜雨雪也會比一個滿足於做花做草的人多得多，但他們的收穫也是不同的—立志做樹的人才會有頂天立地、枝繁葉茂的天地。

18、只要你沒有一顆貧窮的心，那麼你就只能貧窮一時；如果具有一顆真正貧窮的心，那麼你就會貧窮一世。

在一次「金穗卡」宣傳活動中，舉辦方為了達到宣傳的目的，向人們發放一些紀念品，這些紀念品只是印著廣告的彩色氣球，然而整個局面卻在發放氣球的一剎那間失控，工作人員目瞪口呆地看著無數的人蜂擁而來，推擠著、踩踏著，爭搶著那些批發價只值三毛錢的氣球。叫罵聲、爭執聲，加上氣球此起彼落的爆炸聲，使整個宣傳點亂成一鍋粥。目睹了全過程的一個人斬釘截鐵地說：「這些人，都是窮人。」他的朋友提出異議：「不見得吧，未必誰窮得需要一個氣球。」那個人神色很認真地接著說道：「他們的窮，不是物質上的，而是他們有一顆窮人的心。」

窮人的心是什麼樣子?應該就是總覺得自己是窮人的那種心態。也許真正決定我們的行為的，不是我們是什麼樣的人，而是我們有一顆什麼樣的心。

那些有窮人心的人，即使他們已經有了半個世界的金子，他們念念不忘的還有半個世界的金子不屬於自己。有的越多，越覺得不夠，越覺得自己窮，因而生生世世都不會滿足，就要不斷地去撈去賺，占最小最小的便宜也是好的。如果人的心海是一個宇宙，那麼窮人心就是一個黑洞，無聲無息地張開它的大嘴，將身邊的事物全部一點點吞噬，甚至包括它本來所擁有的─可是就是用全世界來填，也填不滿那深不見底的黑洞。它那樣的黑，連一絲光都透不出來，它所惟一反射出來的只是：自私、貪婪和嫉妒。

那些有窮人心的人會認為人窮的時候，得不到人們應有的尊重，也往往不受人歡迎，更不用說取得相應的政治權利，因為人窮的時候價值最低，發表權的分量也就很輕。

人窮的時候，不會找到真正的知音和朋友，因為貧窮就不會有多少資金來用於外界的交際和應酬，生活也很拮据，手頭自然不會很寬裕，而朋友和知音的來往需要花費最基本的成本，人貧窮時拿不出多少可以支配的資金，捨不得投資也就不會有什麼收益。

人窮的時候，找不到多少歡樂，也就找不到多少幸福。歡樂和幸福早已和財富相依相連，沒有財富的歡樂和幸福也不會太長久。既然歡樂是有價值的，那麼歡樂至少也需要成本的投入，沒有相應的資金，歡樂從何而來。

人窮的時候，生命是沒有多少價值的，交不起昂貴的醫療費，即使是生命處於垂危狀態，也沒有人來憐憫你，沒有資金你只能呆在病床上等待死亡的到來，因為你是窮人，窮人的生命自然也就十分低賤，面對貧窮你只有認命。

人窮的時候，沒有多少人會相信你的人格會高尚，也沒有人會相信你的信用度，銀行也不會相信你的償還能力。在經濟商品的時代，財富是與信用度和償還能力密不可分的，因為你是窮人，你沒有一定的經濟能力，沒有什麼可以作為你的信用和人格的抵押。

人貧窮的時候，你沒有辦法變得瀟灑，你也沒有瀟灑的條件為瀟灑需要一定經濟基礎作條件，人窮你就不會很大方，事事都要考慮到節約，而節約往往又與瀟灑水火不相容，一個出手不大方的人無論如何是瀟灑不起來的。

人窮的時候，生活一定過得十分艱苦，工作也會很勞累，既要辛辛苦苦地工作賺錢，也要笑對別人對一個窮人的冷眼。你沒有錢買車，你只有走路和坐公車，你就得忍受擁擠的感受。

人貧窮的時候，常常是理不直氣不壯，不是自身沒有道理，而是沒有保證道理的經濟基礎。即使是你再有道理，在人們眼裡如同沒有道理一樣，因為你貧窮。人們寧肯相信一個具有財富的人，也不會相信一個貧窮人的理由，因為有財富的人沒有必要說假話，而一個貧窮人的話的可信度是不會很高的。

人窮的時候，你看什麼問題都會片面，認識事物都會有局限性，你的目光自然也不會太長，因為你關注遠方的事純屬幻想，你只有看清眼前的現實，你才能生活得實在、自由。人常說：寧靜以致遠。人貧窮時，你無法讓自己的心寧靜下來，不能寧靜的心是不能致遠的。

人窮的時候，親朋好友也就很少相互走動。誰會喜歡一個貧窮親戚和朋友呢？因為你不能給對方帶來歡樂，也不能給對方增加炫耀的資本，你去了只能給對方抹黑，只能給別人帶去難堪和困苦，別人就會這樣說：他居然還會有這樣的窮親戚。你不是無形中降低別人的身份又會是什麼！

人窮的時候，你買不起新住房，連小坪數房也買不起，那你只有住在舊房子裡。沒有優美舒適的環境，沒有清新的空氣，沒有寬大、輕鬆的休息空間，你的心情只能受到壓抑，你只能羡慕別人住房的優美，你只能在舊房子裡脾氣變得越來越暴躁，也不會有一個好的心情，你在事業上也就難有成就。

人窮的時候，你沒有多少資本選擇美好的婚姻，對於男性而言，你無法找到你所中意的美麗而溫柔的女性，因為你沒有相應的資本取悅美麗，也沒有一定的經濟實力作為籌碼；對於女性而言，尤其是並不美麗的你就找不到英俊有才華的青年。美麗首先喜歡的是財富，而後才可能考慮其他方面的因素。

人窮的時候，你就只有遵守傳統的道德觀念，你就只能努力去賺錢，你只有用你奮鬥而來的財富來證明你的資格。

在人貧窮的時候，你會存在上述許許多多的不方便和不快，可你除了忍受還應努力積極地改變目前的生活狀況。你不能責怪社會的分配不公，也不能埋怨自己的生不逢時，如果你依舊無法改變現實，你只能怪自己不能坦然面對貧窮。人貧窮的時候並不要緊，要緊的是只要你沒有一顆貧窮的心，那麼你就只能貧窮一時，如果具有一顆真正貧窮的心，那麼你就會貧窮一世。

19、勝利往往來自於「再堅持一下」的努力之中。

二十世紀七十年代是世界重量級拳擊史上英雄輩出的年代。四年未登上拳台的拳王阿里此時體重已超過正常體重二十多磅，此時他的速度和耐力也已大不如前，醫生給他的運動生涯判了「死刑」。然而，阿里堅信「精神才是拳擊手比賽的支柱」，他憑著頑強的毅力重返拳台。

一九七五年九月三十一日，三十三歲的阿里與另一拳壇猛將弗雷澤進行第三次較量（前兩次一勝一負）。在進行到第十四回合時，阿里已精疲力竭，瀕臨崩潰的邊緣，這個時候一片羽毛落在他身上也能讓他轟然倒地，他幾乎再無絲毫力氣迎戰第十五回合了。然而他拼著性命堅持著，不肯放棄。他心裡清楚，對方和自己一樣。比到這個地步，與其說在比氣力，不如說在比毅力，就看誰能比對方多堅持一會兒了。他知道此時如果在精神上壓倒對方，就有勝出的可能。於是他竭力保持著堅毅的表情和誓不低頭的氣勢，雙目如電，令弗雷澤不寒而慄，以為阿里仍存著體力。這時，阿里的教練鄧迪敏銳地發現弗雷澤已有放棄的意思，他將此資訊傳達給阿里，並鼓勵阿里再堅持一下。阿里精神一振，更加頑強地堅持著。果然，弗雷澤「俯首稱臣」，甘拜下風。裁判當即高舉起阿里的臂膀，宣佈阿里獲勝。這時，保住了拳王稱號的阿里還未走到台中央便眼前漆黑，雙腿無力地跪在了地上。弗雷澤見此情景，如遭雷擊，他追悔莫及，並為此抱憾終生。阿里過後說：「在受到對手猛烈重擊的情況下，倒下是一種解脫，或者說是一種誘惑，每當這個時候，我就在心裡對自己喊：挺住，再堅持一下，再堅持一下！因為只有我不倒下，才有取勝的可能。勝利往往來自於『再堅持一下』的努力之中。」

爬山爬到一定高度的時候，會感到筋疲力盡，再也不想往上爬一步，但只要咬緊牙關堅持繼續向上爬，過了一會你就會感到全身開始舒服起來，爬山的樂趣油然而生；跑步跑到一定的時候，也會感到筋疲力盡，但只要咬緊牙關堅持繼續向前跑，過了一會你就會感到呼吸舒暢起來，兩條腿也好像自動跑了起來，繼續跑下去的勇氣會轉變成一種輕鬆的向前跑的慣性，接著再跑下去你就能跑出很遠。不管是爬山還是跑步，在你咬緊牙關的那一刻，就是你做一件事情的臨界點，如果你堅忍不拔地堅持下去，就會挺過臨界點，進入一種新的境界，不再害怕所面對的更長更困難的挑戰，並且在迎接挑戰的過程中得到一種身心樂趣、一份成就感和一份自信。

在工作和事業中要取得成功，也需要我們有挺過臨界點的勇氣和堅持到底的耐力。很多人在工作中十分浮躁，總覺得自己做的是小事，其實這個世界上小事做不好的人絕對不可能幹出大事來，能否認真地把一件事情做完是一個人能否取得成功的基本標誌。

世界上的事情經常很容易開始，但很難有圓滿的結局。因為圓滿意味著必須走完全程，意味著必須歷經千難萬險，意味著遍體鱗傷也絕不放棄，意味著受盡傷害依然心地善良，意味著在到達臨界點的時候咬緊牙關繼續邁著疲勞的雙腿向前奔跳，直到最後肉體和精神為了同一個目標合而為一。

不能跨越生命的臨界點，我們會吃盡失敗的苦頭；要跨越生命的臨界點，我們可能需經受更多的考驗，但是，只要你能忍受黎明前那最黑暗的一刻，太陽一定會帶著滿天的朝霞為向著東方奔跑的你升起。

如果要用兩個詞來形容一個人的一生，那就是「奮鬥」和「追求」。人們為了實現自己的目標，得到自己所追求的東西，在不斷地尋求自己前進的道路。就像是人們為了到達彼岸，在無邊無際的大海中尋求迷霧中的燈塔；為了登上知識的最高峰，一次次被荊棘刺傷自己的身軀；為了尋找生命的綠洲，在茫茫的沙漠中前進。

在追求的過程中，我們難免會碰到困難和挫折，我們在不斷地戰勝它們的同時，又在不斷地受傷。有時望著前方如猛獸般的困難和自己那傷痕累累的身軀，心中不由得動搖起來，開始絕望了：我還應不應該繼續走下去？有的人依然選擇了放棄而走回頭路。而此時，孰不知只要自己再堅持一下，再勇敢地向前邁一步，自己就可以到達目的地。可是，他放棄了，之前的奮鬥完全沒有了意義。

堅持，也許是成功邊緣的最後一次考驗，也許是意志的試金石。假如我們能在必要的時候再堅持一下，也許成功的曙光離我們就更近了。

堅持，是一種耐力，也是一種品格，它以一種頑強不屈的精神去做一件自己想做的事情，可有的人往往因為缺少這種精神而與成功失之交臂。同時也有人把堅持與糾纏混為一談。

其實糾纏是以一種被動的、無奈的手段在別人那裡獲得一個差事或一份成果，與堅持不可相提並論。堅持是憑藉自己的能力做不懈的努力，並不依賴於他人，比如巴恩斯，實際上就是以自己進取不屈的精神贏得了愛迪生的信任，而絕非其他。

堅持需要耐心，俗話說，「心急吃不了熱豆腐」。堅持是生存的一種本領，也是一種耐心和等待，堅持的過程其實是磨練的過程，在這個過程中，給臨陣脫逃者的回報往往是失敗，給知難而上者的回報大都是成功。

軍人無疑更有堅持的品格，比如他們的體能訓練、佇列訓練、戰役戰術演練等，都是對這種品格的錘煉和培養。當然這種品格不光是平時所需要的，更是戰鬥時所需要的，正所謂「堅持就是勝利」。

人生總是有磨難和困境。當我們沈陷於茫茫黑夜，手足無措的時候，會不同程度地產生絕望情緒，其實當我們堅持到底並走過來之後，回首就會發現，一切其實都沒什麼大不了的。大多數時候光明距我們僅差一步，只需一再堅持一下。

20、你惟一不應該有的「主動」就是「主動地迴避生活的精彩」。

美國工商管理學院的入學能力測試GMAT考試，其中的語法考試有一個特點，就是主動語態和被動語態。在一般的英語語法中，主動語態和被動語態都被認為是正確的表達，但在GMAT考試中，假如一句話能用主動語態來表達而用了被動語態，就算是絕對的錯誤。

比如說「作業被我做完了」一定要說成「我把作業做完了」才對。只有當實在找不到主動者時才能用被動語態，如窗戶破了但不知道是誰打破的，才能說「窗戶被打破了」。這種考試中對主、被動語態的敏感區別，背後隱藏了一個重大的命題，那就是對參加考試的人面對所發生的事情是用主動思維還是用被動思維的區別。

一個習慣於被動思維的人會不自覺地用被動的方式回答問題，而一個擁有主動思維的人則時刻都會考慮主動解決問題。進入工商管理學院的學生，畢業後都要進入各大公司或機構做管理工作，管理工作中最重要的素質之一就是要有主動溝通、協調、解決問題的能力。凡是擁有主動心態的人，都比較容易成為出色的管理者。

所以 GMAT 考的不是純粹的語法問題，而是在語法背後隱藏著的一個人的心態問題。

對於大多數人來說，被動的生活已經變成了生活的一種無意識的行為，我們像牛一樣被各種各樣的事情牽著鼻子向前走或者原地轉圈子，但由於被牽得太久了就忘了我們是被牽著鼻子在生活，有時候不被牽著還感覺不舒服。比如我們每天晚上的大部分時間都被電視機所消滅了，我們打開電視不斷地轉換著頻道，很少能看到實實在在的有意義的節目，一晚上的寶貴時間就這樣被浪費掉了，到最後很多人都得了電視被動症，在電視上學不到任何東西，離開了電視又活不下去。

假如有一天晚上突然停電沒法看電視了，我們就會像沒了魂的幽靈，整個晚上晃來晃去不知所措。英語中有一個詞用得很形象，把對人沒好處但又能牽著人的鼻子走的東西叫「hooked on」，意思是被鉤住了，就像一頭豬被鉤住了，那離被屠宰的時間就不遠了。

人之所以被動，主要的原因是心中沒有真正重大的事情要做或心中沒有遠大的目標要實現。一個沒有自己航向的人是最容易隨波逐流的人，也是最容易被各種瑣碎的事情所誘惑的人。

有一個人，開了一家小小的公司，卻忙得不亦樂乎。仔細地觀察了他一天，發現他忙了一天，所做的事情幾乎沒有一件是和公司未來的發展有關的，他的公司既沒有戰略規劃，也沒有近期要實施的目標，由於胸中沒有雄心塊壘，所以他只能以瑣事來填補自己每天的空白，被無用的事情牽著鼻子走。當一個人進入這種狀態時，他的生活實際上已經完全被動化了，再想把公司做大幾乎已經不可能了。

主動，要求我們擁有一種積極的心態，我們天天喊著要改變生活，要取得成功，但一個被動者是不可能改變自己命運的。當你發現自己陷在一種無能為力的生活境地時，你首先要有勇氣走出這種生活，而走出這種生活又需要你放棄原來的既得利益和習慣。

人最壞的習慣之一就是抱住已經擁有的東西不放，其實一個人只要捨得放下自己的那點小天地，就很容易走進宇宙的大世界。這個世界為你準備的精彩很多。

同樣都是人，有的人一輩子活得充滿快樂、驚喜和收穫，而有的人卻活得充滿平庸、無聊和失敗。究其原因，主動擁有生活和被動接受命運是這兩種人的分水嶺。

請記住：你惟一不應該有的「主動」就是「主動地迴避生活的精彩」。

21、上帝從不埋怨人們的愚昧，人們卻埋怨上帝的不公。

有個太太多年來不斷抱怨對面的太太很懶惰，「那個女人的衣服永遠洗不乾淨，看，她晾在院子裡的衣服，總是有斑點，我真的不知道，她怎麼連洗衣服都洗成那個樣子……」

直到有一天，有個明察秋毫的朋友到她家，才發現不是對面的太太衣服洗不乾淨。細心的朋友拿了一塊抹布，把這個太太的窗戶上的灰漬抹掉，說：「看，這不就乾淨了嗎？」

原來，是自己家的窗戶髒了。

沒有一種生活是完美的，也沒有一種生活會讓一個人完全滿意，面對生活的不如意與其花時間去抱怨它，還不如抓緊時間去改進生活。別讓抱怨成為習慣，應時常在自己的身上尋找不足，來解決問題。

無論如何，抱怨是負面效應。越抱怨，就會發現值得抱怨的事情越來越多。越花時間來抱怨，事情也就變得越來越糟。任何一個怨天尤人的人，總企圖找到認同他想法的傢夥，用負面方式尋找認同，大概可以使他們深覺自己因抱怨而出眾，因痛苦而偉大。一肚子怨氣的人，總是散發著一種天怒人怨的氣質，會讓你覺得跟他相處老是有一塊黑壓壓的雲遮住你的大好晴天。那麼，離開他，周圍會漸漸恢復太平盛世。

生活真正的強者在面對種種障礙的時候，總會表現出積極的情緒和行為。

當面對別人的錯誤時，不是抱怨而是教導和查找原因，並且會找出正確的方法來彌補錯誤；

當面對艱難困阻的時候，不是抱怨而是竭盡全力去征服；在面對諸多不公平時，不是抱怨而是設法避免這種不公平在自己身上發生；

當面對別人的誤解時，不是抱怨而是加強溝通；

當面對別人異樣的眼光時，不是抱怨而是努力讓他人刮目相看；

當面對自己的情感受到傷害時，不是抱怨，而是付出更多的愛心，去融化對方……

所有的抱怨和牢騷都是徒勞的，除了能夠讓人知道你在表示不滿以外，對解決問題和實現你的目標，沒有任何意義，甚至會導致更糟的結果。正如：

珠穆朗瑪峰不會因為登山者抱怨它的陡峭而發生絲毫變化，弱智只會因為抱怨而浪費時間，矛盾不會因為你的抱怨而得到化解，只會進一步激化。

同樣，老闆不會因為你的抱怨給你加薪，只會把重任交給別人；愛人不會因為你的抱怨更加愛你，只會讓感情出現裂痕；朋友也不會因為你的抱怨成為你的手足，只會因為抱怨使你更加孤獨。

有一位哲人曾經說過：「心靈是它自己的殿堂，它可以是天堂中的地獄，也可以是地獄中的天堂。」

如果我們心中充滿了抱怨，它不但會傷到別人，更會毀掉你的一切，使你在雲雲眾生中迷失自我。

成功者永不抱怨，抱怨者永不成功！

請記住：如果你被小石子打中，卻不能及時醒悟，而一味置之不理，就會被磚塊打中。如果仍然執迷不悟，就會被大石頭狠狠擊中。只要老老實實捫心自問，我們都可以找到出現警報的地方，而不應該總是厚著臉皮說：「為什麼總是我遭殃？」正如：

你不能決定生命的長度，但你可以控制它的寬度；

你不能左右天氣，但你可以改變心情；

你不能改變容貌，但你可以展現笑容；

你不能控制他人，但你可以掌握自己；

你不能事事順利，但你可以事事盡力一樣，

停止抱怨，豐盈快樂的生活才是真正成功的人生！

22、生活中最偉大的事情就是，你的挑戰永遠在前面。

愛迪生．斯旺以及許多科學家在同一時期研究電燈。當時電燈的原理已經很清楚了—要把一根通電後發光的材料放在真空的玻璃泡裡。人們在解決一些具體問題—如何讓它更輕便、成本更低廉、照明時間更長。其中最主要的問題，也是競爭的焦點，在於燈絲的壽命。

愛迪生全力以赴地投入了這項研究，有位記者對他說：「如果你真的讓電燈取代了煤氣燈，那可要發大財了。」愛迪生說：「我的目的倒不在於賺錢，我只想跟別人爭個先後，我已經讓他們搶先開始研究了，現在我必須追上他們。我相信會的。」

愛迪生用來做燈絲的材料達到了一千六百多種，他嘗試過炭化的紙、玉米、棉線、木材、稻草、麻繩、馬鬃、鬍子、頭髮等纖維、鋁和鉑等金屬。那段時間，全世界都在等著他的電燈。經過一年多的艱苦研究，他找到了能夠持續發光四十五小時的燈絲，在四十五個小時中，他和他的助手們神魂顛倒地盯著這盞燈，直到燈絲燒斷，接著他又不滿足了：「如果它能堅持四十五個小時，再過些日子我就要讓它燒一百個小時。」

兩個月後，燈絲的壽命達到了一百七十小時。《先驅報》整版報道他的成果，用盡溢美之辭：「偉大發明家在電力照明方面的勝利」、「不用煤氣，不出火焰，比油便宜，卻光芒四射」、「十五個月的血汗」……新年前夕，愛迪生把四十盞燈掛在從研究所到火車站的大街上，讓它們同時發亮來迎接出站的旅客，其中不知多少人是專門趕來看奇蹟的。這些只見過煤氣燈的人，最驚訝的不是電燈能發亮，而是它們說亮就亮、說滅就滅，好像愛迪生在天空中對它們吹氣似的。有個老頭還說：「看起來蠻漂亮的，可我就是死了也不明白這些燒紅的髮絲是怎麼裝到玻璃瓶子裡去的。」大街上響徹著這樣的歡呼：「愛迪生萬歲！」然而，愛迪生用這樣的講演使人們再次驚訝：「大家稱讚我的發明是一種偉大的成功，其實它還在研究中，只要它的壽命沒有達到六百小時，就不算成功。」

以後，他在源源不斷的祝賀信、電報和禮物中，默默地改進著燈泡，向六百小時邁進，結果，他的樣燈的壽命又達到了一千五百八十九小時。

著名的棒球手佩奇告誡兒子：永遠不要回頭看，有些人可能會瞬間超過你！的確，在生命的整個過程中，任何人都沒有權利停止前進的腳步，都不應該滿足過去的輝煌。人只有不斷給自己提出新的奮鬥目標，才能活得充實，活得有滋味。生活中值得我們追求的東西仍然很多很多。未來的日子裡，那些不可預知、不可抗拒、不可逆轉的事情會隨時向我們提出挑戰。

記得一位現代哲人說過：「人，是頌不完的萬物之靈；人，是一部永遠寫不完的大書。人—匆匆來到地球上，可不能白來一趟，要挖掘人生的寶庫，留下人格的重量。匆匆來到地球上，可不能搖搖晃晃，做事要有主見，做人要有脊梁；匆匆來到地球上，可不能空來一場，要留下奮鬥的足跡，留下美好的形象；匆匆來到地球上，可不能遊遊蕩蕩，瀟灑人生匆匆去，要抱樸守缺留華章。」我們可能一輩子永遠達不到這樣輝煌的高峰，但是，起碼應遵循這樣的人生軌道。

剛造出來的航海羅盤，沒有磁化前，指標方向混亂，一旦磁化，就被一種神秘的力量支配著，指向同一個方向，永遠指向那裡。在人的身上，這種神秘的力量就是進取心，使我們向目標不斷努力。它不允許我們懈怠，它讓我們永不滿足，每當我們達到一個高度，它就召喚我們向更高的境界努力。

在賓夕法尼亞的一個山村裡，住著一位卑微的馬夫，後來這位馬夫竟然成了美國最著名的企業家之一。他就是查爾斯．齊瓦勃先生。齊瓦勃先生是如何獲得成功的呢？齊瓦勃先生的成功秘訣是：每當謀得一個職位，他從不把薪水的多少視為重要的因素，他最關心的是新的位置和過去的位置相比是否前途和希望更遠大。

他最初在鋼鐵大王安德魯、卡耐基的工廠做工，當時他就自言自語地說：「總有一天，我要做到本廠的經理。我一定要努力做出成績來給老闆看，使老闆主動來提拔我。我不會計較薪水的高低，我只要記住：要拼命工作，要使自己的工作產生的價值，遠遠超過我的薪水。」他下定決心後，便以十分樂觀的態度，心情愉快地工作。在三十歲時，他成了卡耐基鋼鐵公司的總經理，三十九歲時，他又出任全美鋼鐵公司的總經理。

大多數人甘心選擇平庸無奇的生活，是因為他們放棄了向更高的目標挑戰。逃避挑戰又怎能找到至高！摒棄知足常樂的想法，不斷尋找最優秀的自己，去實現每一個既定目標，思考如何在每一天都有所提高。

進取心是擺脫頹廢的最佳手段。一旦形成不斷自我激勵、始終向著更高境界前進的習慣，身上所有的不良品質和壞習慣都會逐漸消失，個性品質中，只有被鼓勵、被培養的品質才會成長，而消滅不良品質的最好方法就是消滅它們賴以生存的環境和土壤。

人們通常很早就意識到進取心在叩響自己心靈的大門，但是，如果不注意它的聲音，不給予它鼓勵，它就會漸漸遠離，正如其他未被利用的功能和品質一樣，雄心也會退化，甚至尚未發揮任何作用就消失得無影無蹤了。

即使最偉大的雄心壯志，也會由於多種原因受到嚴重的傷害。拖延、避重就輕的習慣都會嚴重地削弱一個人的雄心，影響一個人的壯志。

如果你發現自己在拒絕這種來自內心的召喚、這種激勵你奮進的聲音，要留神，別讓它越來越微弱以至消失，別讓進取心衰竭。

當這個積極的聲音在你耳邊回響時，一定要注意聆聽它，它是你最好的朋友，指引你走向光明和快樂。

下篇

態度

你的人生可以是彩色的，也可以是黑白的，分別只在於你觀照態度。

01、每個人都應該有這樣的信心：人所能負的責任，我必能負；人所不能負的責任，我亦能負。

一九七九年，全球著名的通用電氣公司（GE）董事長挑選繼承人的工作正在緊鑼密鼓地進行，公司中的每個「王子」心中都忐忑不安，不知道幸運之神會光顧哪一位。傑克．韋爾奇當時是GE消費品業務部門的執行官，經過近二十年職業生涯的奮鬥，他離權力塔尖只有兩層之遙。一月底，老董事長雷吉請傑克．韋爾奇去他的辦公室。關上門，韋爾奇接受了一次「飛機面試」──

「傑克，假設只有你和我在GE的商務飛機上，但不幸的是，它要墜毀了。你認為，誰應該成為下一任GE董事長？」

傑克．韋爾奇頑固而堅強地推薦了自己。傑克．韋爾奇和其他大多數候選人一樣，憑直覺立刻選擇了爬出廢墟和自己掌舵。但雷吉禮貌地解釋說那不可能。韋爾奇堅持認為他能逃出這場劫難。但雷吉斷然否定：「那不可能，你我都不幸蒙難。那麼，誰應該成為董事長？」

韋爾奇只能告訴雷吉：「我對自己是最合適人選是如此充滿信心，以至於我實在提供不出另外的選擇。」

「等等，」雷吉打斷了韋爾奇，「你完蛋了。誰應該得到這個職位？」

傑克．韋爾奇最後只能推薦公司主管技術和服務業務的埃德。到了六月，「飛機面試」的題目再一次給出，飛機再度面臨墜毀，不過這次雷吉說：「傑克，這回輪到我死了，但你還活著。那麼，這回誰是GE下一任的董事長？」

「這樣好一些。是我。」傑克．韋爾奇毫不猶豫地堅持推薦自己。

韋爾奇的自信和「舍我其誰」的魄力，贏得了包括雷吉在內的所有董事會成員的信任，他們在選取接班人的時候都投了韋爾奇一票。

一個對自己都不能信任的人，誰還敢信任他？誰還敢委以重任於他？領袖人物的氣質之一就是自信和魄力，他必須有在驚濤駭浪中勇於負責的精神。尤其是商業世界，開拓進取的素質與自信是相生相伴的。當然，雷吉也不會只憑一個人「舍我其誰」的言論就把公司「王位」傳給他，雷吉還會根據韋爾奇以往的「政績」，根據他長期的觀察和判斷，來最終決定把「王位」傳給誰。傑克．韋爾奇曾有句名言：「所有的管理都是圍繞『自信』展開的。」憑著這種自信，在擔任通用電氣公司首席執行官的二十年中，韋爾奇顯示了非凡的領導才能。

自信是人們賴以成功事業的階梯和不斷前進的動力。正如法國啟蒙思想家、文學家盧梭所說的那樣：「自信力對於事業簡直是一個奇蹟。有了它，你的才幹就可以取之不盡，用之不竭；一個沒有自信的人，無論他有多大的才能，也不會抓住一個機會。」只有滿懷自信的人，才能在任何地方都懷有自信，沈浸在生活當中，並實現自己的意志。反之，如果一個人失去自信心，則非常容易被頹廢和絕望所困擾，甚至會毀掉自己的一生。自信是人們成就偉業的先導，具有自信心的人，可以化平庸為神奇，化渺小為偉大，創造出驚天動地的業績。

自信，是人類成功的源泉、世間奇蹟的根基。自信者自尊自強，也贏得他人的尊敬與愛戴，甚至能感動上帝，創造奇蹟，如愚公移山者是也。自信，能使凡人超凡。自卑使人沈淪，自信令人昇華。自卑的人，總覺得自己事事不如人，甚至無顏以見人；自信者，雖未敢自詡事事強人，但相信透過自身的不懈努力，總有撥雲見日，建功立業的辰光。縱觀古今，橫掃中外，凡有成就、彪炳史冊者，無一不是充滿自信之人；而自暴自棄者，雖曾具卓越天賦之才華，但終將被自卑之蠹所侵蝕、所毀滅，乃至流星墜地，默默無聞。

自信與自卑者，本源一致，起始天賦相當，或許前者有時還稍遜於後者，但透過觀念（自信或自卑）的轉化，強弱態勢逐漸朝著自己所期望或憂慮的方向發展。愈往後愈涇渭分明，或在不長的程途中便可覷見分曉：自信者，恰如不畏艱難攀山越嶺的勇士，征服了一座又一座高峰，並隨著自己前進的腳步把自己抬升到常人難以企及的高度；而自卑者，顧左右而原地踏步，甚至被他人雄壯前行的腳步聲所震懾而顫微著、本能地向後退縮，終使自己變得越來越卑微渺小，乃至深陷泥淖而不能自拔。觀念的不同，而導致命運之迥異如是。

生活在複雜的社會環境當中，競爭無所不在，只有那些勇於面對困難並敢於克服困難的人，才配享有勝利。

我們的生活並不是一馬平川，萬里無雲，而是有激流，有險灘，相當一部分人恰恰缺少這種自信心，一遇波折就悲觀失望、墜落蛻變者有之；稍有不如意就叫苦不疊、乃至喪失生活勇氣者有之；經受不住考驗而失去進取心、對前途迷惘者有之。在漫漫的人生道路上，堅定信心，鼓足勇氣，百折不撓，破浪前行。如此才能掙脫生活中的羈絆，從一個勝利走向另一個勝利。與其相信奇蹟不如相信自己，相信自己才會有真的奇蹟出現。

有自信，然後才能有一切。

02、不要等到非同尋常的機會在你的面前出現，而要抓住每一個看似平常的機會，讓它在你的手中變得非同尋常。

有一個人有天晚上碰到一個神仙，這個神仙告訴他說，有大事要發生在他身上了，他有機會得到很大的財富，在社會上獲得卓越的地位，並且娶到一個漂亮的妻子。

這個人終其一生都在等待這個奇蹟的降臨，可是什麼事也沒發生。這個人窮困地度過了他的一生，最後孤獨地老死了。當他上了天堂，他又看到了那個神仙，他對神仙說：「你說過要給我財富、很高的社會地位和漂亮的妻子的，我等了一輩子，卻什麼也沒有。」神仙回答他：「我沒說過那種話。我只承諾過要給你機會得到財富、一個受人尊重的社會地位和一個漂亮的妻子，可是你卻讓這些從你身邊溜走了。」

這個人迷惑了，他說：「我不明白你的意思。」神仙回答道：「你記得你曾經有一次想到一個好點子，可是你沒有行動，因為你怕失敗而不敢去嘗試。」這個人點點頭。神仙繼續說：「因為你沒有去行動，這個點子幾年後被給了另外一個人，那個人毫不遲疑地去做了，你可能記得那個人，他就是後來全國最有錢的那個人。還有，你應該還記得，有一次城裡發生了大地震，城裡大半的房子都毀了，好幾千人被困在倒塌的房子裡，你有機會去幫忙拯救那些存活的人，可是你卻怕小偷會趁你不在家的時候，到你家裡去打劫，偷東西，你以這作為藉口，忽視那些需要你幫助的人，而只是守著自己的房子。」這個人不好意思地點點頭。神仙說：「那是你的好機會去拯救幾百個人，而那個機會可以使你在城裡得到多大的尊榮和榮耀啊！」

神仙繼續說：「你記不記得有一個頭髮烏黑的漂亮女子，那個你曾經非常強烈地被吸引的？你從來不曾這麼喜歡過一個女人，之後也沒有再碰到過像她那麼好的女人。可是你想她不可能會喜歡你，更不可能會答應跟你結婚，你因為害怕被拒，就讓她從你身旁溜走了。」這個人又點點頭，可是這次他流下了眼淚。神仙說：「我的朋友啊！就是她！她本來應是你的妻子，你們會有好幾個漂亮的小孩，而且跟她在一起，你的人生將會有許許多多的快樂。」

許多人都試圖等待一個非同尋常的機會而改變自己的生活，卻錯過了身邊的每一個小機會。他們一如孩童在海灘那樣〜他們讓小手握滿沙子，然後讓沙粒掉下，一粒接一粒。所以面對每一次機會你都要去抓住它，以免錯過它而抱憾終生。每個人都有機會，在人生的道路上，只有抓不住機會的人，沒有得不到成功機會的人。

人的一生，是否與重大的歷史機遇重合是可遇不可求的。在一個和平年代，譬如網路的發展，就是一個歷史機遇。它造就了將與人類歷史上無數弄潮兒並入史冊的人物。對於「雲雲眾生」而言，大浪淘沙，隨波逐流，機會也是多多。許多人的一生由此而徹底改變，而我們時常在等待一個大的機遇，卻不肯抓住生活中的每一個小的機會，從而被動地生活。歷史機遇只有回頭看，才能看得清楚。多數弄潮兒尚且是不自覺地捲入歷史，對於我們來說，歷史機遇對於生活而言，是沒有什麼特別意義的。因為，機遇只對人生有意義，而生活只考慮機會。我們應該把每一次機會牢牢地掌握在自己的手中，才會使生活有改變的可能。

機遇是隨機出現的、影響我們成功與否的偶然因素，但有時又起著決定性的作用。很多人認為自己之所以沒有成功，就是缺少像成功者那樣的機遇。盡管機遇從其本身來看，並不是一個能夠人為地加以控制的東西，但這並不意味著我們就不能努力用心去把握一些機遇，迎接運氣的到來。機會總是暗藏在生活的每一個角落，如果你有一雙慧眼，你就會發現機會無處不在，但如果你是生活中的粗心人，那麼你只能看到生活平靜如水的表面。

遺憾的是，我們中的大多數人只是在無聊、枯燥地過著一日重複一日的生活，卻很難去發現蘊藏在生活之中的機會，偏偏機會又是轉瞬即逝的，如果你沒有一雙識別機會的慧眼或看到機會而沒有把握好，機會就可能與你擦肩而過。對於一個人來說，無論怎樣的機會擺在面前，如果沒有行動，就不可能贏得任何機會。

機會只青睞有準備的頭腦。在生活中時常有這麼四種人，

第一種人是得到機會但他不會加以利用。

第二種人就是他見到機會以後他去努力但他不盡全力。

第三種人看見機會置若罔聞，根本不當回事。

第四種人他認為機會沒有，或者本來就不屬於他，就是說他內心裡連要去抓住這個機會的欲望都沒有。

第四種人他認為機會沒有，或者本來就不屬於他，就是說他內心裡連要去抓住這個機會的欲望都沒有。

其實在我們周圍，一些社會底層，或者說是在人生邊緣的、跌入低谷的人，他們總是會認為這個世界不屬於我，沒有任何機會屬於我。這個觀點是錯誤的。對於那些已經有過機會，甚至已經獲得成功的人來說，他們的機會也並沒有完盡。你還有更多的機會，你始終要保持一個什麼樣的狀態呢？就是一個敏感的、敏銳的、捕捉機會的這樣一個狀態。就好像一匹

狼豎著耳朵在警覺地尋找獵物的這種狀態，只有保持這種狀態，你才可能隨時抓住這個機會，創造你的嶄新的人生。

我們每天身邊都會圍繞著很多的機會，包括愛的機會。請記住：不要等到非同尋常的機會在你的面前出現，而要抓住每一個普通的機會，讓它在你的手中變得非同尋常。

03、理想的人生是什麼都可以放棄的人生；或是隨時把包袱一卷就可以帶走的人生。

亞歷山大大帝給希臘世界和東方的世界帶來了文化的融合。據說他投入了全部青春的活力，出發遠征波斯之際，曾將他所有的財產分給了臣下。

為了登上征伐波斯的漫長征途，他必須買進種種軍需品和糧食等物，為此他需要鉅額的資金，但他把珍愛的財寶和他所有的土地，幾乎全部都給臣下分配光了。

臣僕之一的庇爾狄迦斯，深以為怪，便問亞歷山大大帝：「陛下帶什麼啟程呢？」

對此，亞歷山大回答說：「我只有一個財寶，那就是『希望』。」

庇爾狄迦斯聽了這個回答以後說：「那麼請允許我們也來分享它吧！」於是庇爾狄迦斯謝絕了分配給他的財產，而且臣下中的許多人也仿效了他的做法。

許多人太喜歡在其可憐的境況中賣弄，以使我們明白：世間凡是能夠實現的都不是理想，真正的理想是永遠也無法實現的。但是，我們不應該讓「現實排除掉理想」，而應該是「堅持理想，生活不能夠奪去我們的理想」。

沒有高於現實的理想，人就會失去動力，變得沒有活力。一個人在沒有理想的時候，生活對於他們永遠都是殘酷的「現實」，都是生活「負了」他們。一個人若失去了理想，便會終日渾渾噩噩，終生碌碌無為；人類若失去了理想，文明的車輪便會停止向前轉動，到處充滿了黑暗與蒙昧，我們的世界也隨之失去了勃勃生機，變得死氣沈沈；我們的心靈世界，會像海王星那樣靜寂，滿目蒼涼！

一個人的少年、青年時代，對理想的追求是無比熱烈，甚至是狂熱的；到了中年，理想的光輝漸漸黯淡，對理想的追求也漸趨理智；待到暮年時光，像曹操那樣老驥伏櫪、志在千里的垂垂老翁，已比較鮮見難覓了，此時的理想，就像一枚已風乾抽縮了的蘋果，早已失去了往日的豐澤光潤與鮮活。

但無論如何，也不要丟掉自己的理想。因為一個沒有理想的人，就沒有生活的方向，就如同夜航的船失去了燈塔，迷霧中的車看不見太陽，黑夜中行走的人望不到指路的星辰，他的生活中沒有一個促使他為之奮鬥的目標。他的一生將永遠在碌碌無為中度過，成為「日混三餐，夜宿一度」的行屍走肉。相反，一個具有遠大抱負的人，他的胸中有一個明確的崇高目標，為了實現這個目標，高尚的品質在他身上展現出來，無盡的力量從他身上迸發出來，理想的光芒在他身上閃爍。

理想的力量是摧毀不了的。一滴水沒什麼力量，但是，如果它流到了岩石的裂縫裡，並結成冰，就會裂開岩石；作為蒸汽，水能推動巨大的機器活塞，水就這樣使蘊涵在其中的力量發揮作用。

理想也是如此。理想是思想。只要它仍然只是被思考，蘊涵在其中的力量就不會起作用，即使它被懷著最大熱忱和最堅定信念的人所思考。如果純潔的人的本質與這種熱情和信念結合起來，理想的力量就會發揮作用。我們應該達到的成熟，是我們不斷磨礪自己，變得日益質樸、日益真誠、日益純潔、日益平和、日益溫柔、日益善良和日益富於同情感。這是我們應走的惟一道路。透過這種方式，青年理想主義之鐵鍛煉成不會失落的生命理想主義之鋼。

一個懷有理想的人，什麼也奪走不了他的理想。他在內心中體驗到真和善的理想力量。雖然向外發展較少，但他知道，他在純潔內心方面做了許多。只是效果尚未出現，或者他尚未看見。哪裡有力量，哪裡就有力量的作用。

陽光不會失去，陽光所喚來的新綠需要發芽的時間，而播種者並不注定得到收穫。一切有價值的行為都是富有意義的，當你人生將盡時，回首往事，沒有為順流而下卻碌碌無為而遺憾。這便夠了，人生境界如此而已。

04、倘若我們熱切地想要躲避過錯，就更易陷入荒謬。

中國北大方正的創始人王選，曾對科技領域的人才以打獵為喻分過三種類型：

第一種是指兔子的人；

第二種是打兔子的人；

第三種則是撿兔子的人。

指兔子的人就是指明研發方向的人，打兔子的人就是進行科技攻關的人，撿兔子的人就是讓科技在經濟領域產生效益的人。有人曾笑問王選屬於哪種人，王選說：「我屬於第二種，其他兩個方面是我的弱處。」

由於王選在雷射排版方面的成功，沒有人會懷疑他在以上三個方面的成就。王選的示弱讓人摸不著頭腦。後來，王選又做出一個驚人的決定，退出設計第一線，理由是他不能勝任當時的設計工作。

幾乎所有得知這個消息的人都感到不可思議。王選則說了這兩件事。

一九九三年春節，他連續工作了半個月進行了一項試驗。但一位學生看了他的設計方案後，說：「王老師，你設計的這些都沒有用，IBM 的電腦匯流排上有一條線，可以替代你所有的設計。」

另一件事發生在一九九一年，方正公司的九十一設計方案即將上市之前，突然發現電腦晶片在處理圖形方面存在漏洞，於是王選找來了負責技術攻關的三個資歷較淺的年輕人。他根本沒指望他們能想出對策來，但是其中有一位學生想出一招妙策，成功地解決了這一問題。

在許多功成名就的大人物中，很少有王選那樣自暴弱點自我貶損的人。但令人感慨的是，王選的做法反而團結了一大批電腦領域的精英人才。不僅王選本人成為比爾·蓋茲式的人物，他的北大方正公司，僅僅八年時間，就躋身世界知名企業。

示弱，不是軟弱，而是一種人生的智慧和清醒。一個強者能保持清醒，那他離上帝也不遠了。

人們總喜歡「毫不示弱」，以為如此自己就了不起了！而其實，更令人佩服的可能並不是一個人的「毫不示弱」，而是他的敢於示弱的氣概與膽量！

在日常生活中，我們常用毫不示弱來形容一個勇敢的人，但時時處處不示弱就好嗎？不盡然。那些處處爭強好勝，事事佔先拔尖的人往往能得一時之利卻難成為最終的成功者。很多人動輒立下雄心壯志，熱血沸騰，非做出一番大事不可，可惜不是熱情難以持久，三分鐘熱度，就是稍遇挫折便一蹶不振，畏縮不前。倒是那些處於弱勢的人，不逞能，不佔先，凡事忍讓，沒有豪言壯語，心境平和寬容，能拋除私心雜念，不受外人干擾，做事能夠持之以恒。

即使遇到打擊，也不會萬念俱灰，因為心境平和，所以能處之泰然。這種人跑得不快，但能堅持到終點。

有個典故能說明問題：一個人要趕出城門，他問一個老者他能否在天黑之前趕出去，老者說，走得慢可，走得快不可。他不服氣，走得很快，結果腿摔壞了，果然天黑之前沒趕出去。

有時候人就得示弱，以避其鋒芒，養精蓄銳，蓄勢待發。其實這與古人的韜光養晦道理是一致的。向人示威是人人都會的，向人示弱卻是少數人才會的。因為這需要智慧和勇氣。

因為敢於示弱，因此能夠正視自己，不需小心地包裹自己的劣勢，不需為了成功而粉飾自己，也因此敢於和強手一搏，平穩的心態反而會成為成功的助力。有一個知名的小提琴大師，在一場演出中，有一根琴弦斷了，大師用剩下的三根弦繼續完成了演奏。

走向成功的人不可能沒有弱處，人生有很多時候都很難如願在謝幕前用完成的琴弦演奏完，也許你完美的人生計劃總是遭遇挫折，當你聽到了有一根弦清晰的斷裂聲而心痛欲碎的時候，你是否還會正視現實？是否還敢於用三根弦譜曲人生？如果你為錯過了太陽而哭泣，你也將錯過群星。好的心態和敢於示弱的勇氣可以幫助一個人在逆境中成長，示弱也是健康人格的一種散發，是心態保持平衡的有效辦法。

人總是有缺陷的，有時候表現自己的弱點，公開承認自己的不足，這是心理成熟的展現，也是明智、理性的選擇。示弱，可以緩解矛盾。當自己事業、學習取得成功時，適當地表示自己某方面的欠缺，可以使一些羨慕者或妒忌者得到心理平衡，從而避免成功之後通常會引起的一些麻煩；示弱，可以展現求實的作風，給慕名者以積極的鼓勵，表現出寬廣的胸懷；示弱，有著謙遜的內涵，願意別人超過自己，是自信又相信他人的表現；示弱，也是一種瀟灑的人生態度，更容易被人接受和使別人感到愉悅。

風是最柔弱的，但能斷樹毀屋；電是最柔弱的，但能穿鐵透鋼。「天下莫柔弱於水，而攻堅強者莫之勝」，普天之下沒有比水再柔弱的了，在圓則圓，在方而方，但它卻能滴穿金石，漫山過嶺，摧毀一切剛強的東西，沒有什麼能勝過它。抽刀斷水水更流，陽剛者反而勝不了陰柔，這正展現了以柔克剛的奧妙。

05、做一件正確的事情，要比正確地做十件事情重要得多。

有一次，一隻鼬鼠向獅子挑戰，要同他決一雌雄。獅子果斷地拒絕了。「怎麼！」鼬鼠說，「你害怕嗎？」

「非常害怕，」獅子說，「如果答應你，你就可以得到曾與獅子比武的殊榮；而我呢，以後所有的動物都會恥笑我竟和鼬鼠打架。」

這隻獅子無疑是明智的，因為它非常清楚，與老鼠比賽的麻煩在於，即使贏了，所戰勝的仍然是一隻「老鼠」。一般情況下，對於低層次的交往和較量，大人物是不屑一顧的，就像一個優秀的武士，是不會與一個蟊賊公開決鬥的。

生活中最聰明的人往往是那些對無足輕重的事情無動於衷的人，他們很清楚該理睬什麼，不該理睬什麼，知道什麼事情可以改變命運，也知道什麼事情只會消耗青春。這樣的人對那些較重要的事務無一例外會感到興奮，同時也善於把無關緊要的事情擱置在一邊。

在現實生活中，成功者大都也深知「那些太專注於小事的人通常會變得對大事無能」，並很清楚「抓住大事，小事自會照顧好自己」的道理。一流的人物大都具備無視「小」（人物、是非）的能力，換句話說，障礙大都是相對而言的，除了必須搬掉的障礙之外，大多數障礙都可以忽略，如果要先搬掉所有的障礙才行動，那就什麼也做不成。事實上，絕大多數所謂的障礙，在你超越那個階段之後，也就不成其為障礙了。

同樣的，一個人對瑣事的興趣越大，對大事的興趣就會越小，而非做不可的事越少，越少遭遇到真正問題，人們就越關心瑣事。

這就如同下棋一樣，和不如自己的人下棋會很輕鬆，你也很容易獲勝，但永遠也長進不了，而且這樣的棋下多了，棋藝會越來越差，所以好棋手寧可少下棋，也盡量不與不如自己的人較量。

但遺憾的是，許多人整天忙著處理瑣碎的事情，總是抱怨挪不出時間做正經事，其實他們的潛意識是在逃避做正經事，盡力迴避可能出現的挑戰，畢竟，做大事是需要想像力、判斷力、勇氣和自信的，不是一個精神「瘦弱」的人所能持久而為的。

美國哲學家威廉·詹姆斯曾說，「明智的藝術就是清醒地知道該忽略什麼的藝術。」他的言下之意就是，不要被不重要的人和事過多打攪，因為成功的秘訣就是抓住目標不放。很多人都想成為一流的人，有一流的事業、一流的思想、一流的生活，但遺憾的是，很少有人能像一流的人那樣做事。

管理學家班尼斯說過：「純管理人也許能把事情做對，但是真正的領導人重視的是做正確的事情。」換句話說，做正確的事情比正確地做事要重要得多，也有效得多。

一流的人物也許做不成很多事情，但卻能夠集中精力做成一件事情，而事實上，這一件事情往往就足以改變一個人的命運了。這樣的人往往沒有時間可以像一般人那樣浪費，他要以並不長的生命，完成一流的事業。他不能過普通人的生活，不能在人生的許多事情上，做普通人的反應，他必須放棄或減少普通人的快樂、交遊、娛樂、愛恨和爭執，他必須忍住不為小事所纏，他有很快分辨出什麼是無關事項的能力，然後立刻砍掉它。更重要的是，他清楚地知道，如果一個人過於努力想把所有事都做好，他就不會把最重要的事做好。

武俠小說家溫瑞安說過，「真正高手會把精、氣、神集中於一擊。」而在生活中，真正的高手也會把集中精力作為一種明智的生活策略，畢竟在一定時期內，一個人的資源和能量是有限的，你無法同時做好數件同等重要、難度又都很大的事情，更何況，還有那麼多瑣事會跑出來佔據你大腦的空間，消磨你的稜角。

不值得做的，千萬別做。因為不值得做的事，會讓你誤以為自己完成了某些事情。你消耗了大量時間與精力，得到的可能僅僅是一絲自我安慰和虛幻的滿足感。當夢醒後，你會發現該做的事一件都沒有做，而自己卻已疲憊不堪。

06、失足，你可以馬上重新站立起來；失信，你永遠無法挽回。

有一個年輕人跋涉在漫長的人生路上，到了一個渡口的時候，他已經擁有了「健康」、「美貌」、「誠信」、「機敏」、「才學」、「金錢」、「榮譽」七個背囊。渡船開出時風平浪靜，不知過了多久，風起浪湧，小船上下顛簸，險象環生。艄公說：「船小負載重，客官須丟棄一個背囊方可安渡難關。」看年輕人哪一個都捨不得丟，艄公又說：「有棄有取，有失有得。」年輕人思索了一會兒，把「誠信」拋進了水裡。艄公憑著嫺熟的技術，乘風破浪，終於將年輕人送到了彼岸。艄公淡淡地說：「年輕人，我跟你來個約定：當你不得意時，就回來找我。」年輕人隨意地答應著，卻不以為然。他以為，有了身上的六個背囊，他是不會有不得意的一天的。

確實，不久，他就靠金錢和才學擁有了自己的事業；憑著榮譽和機敏，他睥睨商界，縱橫無敵；而健康和美貌更是令他春風得意，娶得如花美妻。他逐漸地忘記了擺渡的艄公，忘記了被拋棄的「誠信」。

然而，多年來，他欺騙了所有的人，包括他的對手和親人；他多次將商品以次充好，他承包的建築全是豆腐渣工程；他透支著他的榮譽和才能，勸說身邊所有人投資於他，卻把資金用於販賣毒品和軍火走私；他出入高樓大廈，天天酒池肉林，熱衷於夜生活，他的健康和美貌悄然飛逝；他一擲千金，豪賭無度，他背負妻子，頻頻外遇。

已到中年的他，總是做著同一個夢：他坐在一艘小船裡，正愜意地遊蕩，突然風起浪湧，他被掀入急流之中。他並不下沈，只是水向他的七竅沖來，耳、眼、鼻皆安然無事，水卻沖他惟一的弱處—嘴猛灌，他感覺到自己開始無盡地沈沒……因為沒有誠信，他失去榮譽、金錢、愛情以及他的事業，這時，他想起了那個渡口，想起了艄公的話。從監獄裡出來，他直奔渡口。艄公已不在，只有那裡的一條小船依稀是當日模樣。那時的年輕人也已垂垂老矣。從此，渡口多了一個老艄公，無人過渡時，人們總能看到他獨自搖晃在風浪中，似乎在尋找著那個曾經被自己丟棄的背囊。

人生，漫漫長路遠，紛繁誘惑多。人，作為微小而孤獨的個體，在人生的選擇題前，無可避免地徘徊起來。在一個又一個渡口上，在一次又一次險象中，人，究竟能選擇什麼，該選擇什麼？

選擇誠信。因為它比美貌來得可靠。沒有美貌的人生或許是沒有足夠亮點的人生；但沒有誠信的人生則是沒有一絲光明的人生。你可以不是潘安，你也可以不是西施，但你不可以失去別人對你基本的信任。「人，以誠為本，以信為天。」沒有誠信，生存世間的你可要做一粒懸浮其中的塵粒？

選擇誠信。因為它比機敏來得憨實。誠信好比一個鄉間小夥子，他每日只知弓著黝黑寬闊的脊梁在人生的沃土上默默耕耘；機敏則更像一個電腦駭客，他總是那樣才思敏捷，頭腦靈活，卻總是不露真相叫人緊張。在人生的劇本裡，一位老實踏實的演員總要比一個奸詐精怪的角兒更受觀眾青睞。

選擇誠信。因為它比金錢更具內蘊。舉著「金錢萬能」旗號東奔西走的人生注定是辛苦乏味的人生，滿身的銅臭最終帶來的也不過是金錢堆砌而成的冰冷墓穴；而誠信，能給人生打底潤色，讓人生高大起來，豐滿起來，它給生命灌注醉人的色澤與豐富含蘊，讓生命在天地之中盈潤注目，善始善終。

選擇誠信。因為它比榮譽更具時效性。沒有一蹴而就的業績，沒有一成不變的江山。沒有人可以頂著榮譽的光環過一輩子。榮譽是短暫的，它只是人生旅途上一小處美麗的風景，它再美麗，也只是一小段的人生；但誠信是培植人生靚麗風景的種子，你一直耕耘，就會一直美麗，你將誠信的種子撒滿大地，你的人生將會美麗到天長地久。

選擇誠信，是正確之選。在你權衡過後，在你層層過濾之後，你會猛然發現，在人生面紗下最迷人的，原來是那最沒有矯飾、最樸實不花哨的誠信！你會發現，沒有了誠信，生活原來是那樣的索然無味！

所謂人生，即是周而復始的誠實、友好、信任的給予與被給予。人生需要健康、美貌、機敏、才學、金錢、榮譽，但人生更需要誠信。人生沒有了誠信，健康的身體就成了沒有靈魂的軀殼；美貌就成了媚人的工具；機敏就成了奸詐的替身；榮譽就成了違法亂紀的擋箭牌。

人生有了誠信，就像開放在郊外的花朵，有了陽光雨露的滋潤，才會萬紫千紅，芳香四溢。人生有了誠信，就像黑夜中航行的船隻，有了遠方燈塔的指引，才會乘風破浪，勇往直前。只要有誠信在，人間就會有真情，社會就會有希望！

誠信是一種品格，一種修養，一種靈魂深處的清香，在不卑不亢中彰顯出人性的高貴。一個人擁有了誠信，便有了更加廣闊的發展空間；一個民族擁有了誠信，便能世代繁榮；一個國家擁有了誠信，便能屹立於世界強國之林！

07、人應該為自己的理想去獻身，而不是為別人的癲狂去送死。

德國作家萊辛在年輕的時候非常喜歡拉封丹的寓言，喜歡他寓言中那華麗的宣述和鋪陳，喜歡他寓言中小巧的詩意的裝飾，所以，拉封丹的作品模式無形之中就成了他創造的囚籠。所以，他常常為自己不能寫出像拉封丹那樣美麗的寓言而心中充滿煩惱。

有一次，他躺在一個瀑布旁邊，努力給自己正在創作的一篇童話寓言加上像拉封丹那樣華美的詩意裝飾，可是，他冥思苦想、斟酌推敲，最終卻毫無所獲。迷蒙之中，他突然看到寓言女神出現在他的面前，微笑著對他說道：「學生，幹嗎要這樣吃力不討好呢？真理需要寓言的優美，可寓言何必要這種和諧的優美呢？你這是往香料上塗香料啊！寓言只要是詩人的發現就夠了。一位不矯揉造作的作家，他講的故事應該和一位智者的思想一樣才對。」說罷，女神消失了。原來他做了一個短暫的夢。

然而，寓言女神的話卻深深地觸動了他的靈魂，從此他突破了自我，他的寓言更注重故事的簡練和智者的思想與發現，成了一個有個性和獨創精神的偉大的寓言家和作家，成了一個努力把自己的寓言寫成「神聖幻象的神諭」的人。

任何一個人的成功，其實質並不是因為他戰勝了什麼對手，而恰恰是因為他首先戰勝了自己，因為一個人一生的奮鬥和追求，往往就是一場沒有敵人或對手的戰爭，你要突破的也不是敵人的戰陣或堡壘，而恰恰是你習慣性的思維方式或先入為主的辦事方法給自己設下的重重陷阱或絆索……

有一則佛禪的故事講的就是這個問題：德山禪師在尚未得道之時曾跟著龍潭大師學習。有一天晚上，德山來找龍潭請教問題。德山告訴師父說：

「我就是師父翼下正在孵化的一隻小雞，我真希望師父能從外面盡快地啄破蛋殼，讓我早一天脫穎而出啊！」龍潭笑著說：「被別人剝開蛋殼而出來的小雞，沒有一個能活下來的。母雞的羽翼只能提供讓小雞成熟和破殼力量的環境，你突破不了自我，只能最後胎死腹中。不要指望師父能給你什麼幫助。」德山聽後，一臉迷惑，還想開口說些什麼，龍潭說：「天不早了，你也該回去休息了。」德山向師父鞠了個躬，當他撩開門簾走出去時，看到外面非常黑暗，就說了聲：「師父，天太黑了。」龍潭便給了他一支點燃的蠟燭，他剛接過來，龍潭就吹滅了，並對德山說：「如果你心頭一片黑暗，那麼什麼樣的蠟燭也無法將其照亮啊！即使我不將其吹滅，說不定哪陣風也要將其吹滅呢。只有點亮了心燈一盞，天地自然一片光明。」德山聽後，當下開悟。後來果然青出於藍，成了一代大師。

其實，像德山開悟成佛一樣，一個人不管你想在哪個方面獲得成功，也不管你能夠獲得成功的條件和環境有多麼的好，如果你不能突破自我，那麼，最終你的夢想和追求也只能像龍潭禪師說的那樣「胎死腹中」。

每一個人都應該永遠記住這個真理：只有不斷超越自我的人，才是一個真正的聰明人。人生在世，每個人都有自己獨特的稟性和天賦，每個人都有自己獨特的實現人生價值的切入點，你只要按照自己的稟賦發展自己，不斷地超越心靈的絆馬索，你就不會忽略了自己生命中的太陽，而湮沒在他人的光輝裡。

自我，往往就是一種長期形成的習慣並被這種習慣緊緊束縛著靈魂的故我，一個人如果不能突破這個故我，那麼他就會在自設的「固執」或拘泥於成勢的陷阱中不能自拔。

一個哲人說的好：「一個人如果被故我完全封閉了起來，那麼，他就成了一頭拉磨的驢子，看起來他也非常的忙碌和勤奮，但他再也不是一匹在天地間呼嘯向前的駿馬了。」

突破自我，讓我們永遠做一匹充滿生命活力奔向遠方的駿馬吧！

08、成功就在於，能夠對我們看似前後矛盾的邏輯，反覆地質疑。

一位叫馬維爾的法國記者去採訪林肯。問：據我所知，上兩屆總統都想過廢除黑奴制度，《解放黑奴宣言》也早在他們那個時期就已草就，可是他們都沒拿起筆簽署它。請問總統先生，他們是不是想把這一偉業留下來，給您去成就英名？

林肯：可能有這個意思吧！不過，如果他們知道拿起筆需要的僅是一點勇氣，我想他們一定非常懊喪。

馬維爾還沒來得及問下去，林肯的馬車就出發了，他一直都沒弄明白林肯這句話的含意。林肯去世五十年後，馬維爾才在林肯致朋友的一封信中找到答案。林肯在信中談到幼年時的一段經歷。

「我父親在西雅圖有一處農場，地上有許多石頭。正因如此，父親才得以以較低的價格買下。有一天，母親建議把上面的石頭搬走。父親說，如果可以搬，主人就不會賣給我們了，它們是一座座小山頭，都與大山連著。

有一年，父親去城裡買馬，母親帶我們在農場裡工作。母親說，讓我們把這些礙事的東西搬走好嗎？於是我們開始挖那一塊塊石頭。不長時間，就把它們給弄走了，因為它們並不是父親想像的山頭，而是一塊塊孤零零的石塊，只要往下挖一英尺，就可以把它們晃動。」

林肯在信的末尾說，有些事情一些人之所以不去做，只是因為他們認為不可能。其實，有許多不可能，只存在於人的想像之中。

讀到這封信的時候，馬維爾已是七十六歲的老人，就是在這一年，他正式下決心學漢語。據說三年後的一九一七年，他在廣州旅行採訪，是以流利的漢語與孫中山對話的。

我們曾對探索宇宙的夢想說：「不可能。」一九六九年人類登上月球。我們曾對飛翔的夢想說：「不可能。」一七八四年第一架飛艇誕生。我們也曾無數次在生活面前說：「不可能。」但是只要我們不放棄努力，就能將一切不可能變成可能。世間的事非常奇怪，越是人們認為不可能的，做起來越順暢。第一位發現這個道理的，可以說是哥倫布。

一四八五年五月，哥倫布到西班牙去遊說一些貴族：「我從這兒向西也能到達東方，只要你們拿出錢來資助我。」當時，沒有一個人阻止他，也沒有人刺殺他，因為當時的人認為，從西班牙向西航行，不出五百海裡，就會掉進無盡的深淵；到達富庶的東方，是絕對不可能的。

可是，在他第一次航行成功，第二次又要去的時候，不僅遇到了空前的阻力，而且還有人在大西洋上攔截，並企圖暗殺他。至於原因，非常明確，因為沿這條航線絕對能夠到達富庶的東方，他再去一回，那兒的黃金、瑪瑙、翡翠、玉石、皮毛、香料，將會使他富比王侯，不可一世。

越是人們認為不可能的，做起來越順暢。這一道理，在哥倫布死後就被人遺忘了。直至大約五百年後，在華爾街上，才被一位名叫巴菲特的美國人發現。

一九七三年，全世界沒有一個人認為曼圖阿農場的股票能夠復蘇；有人甚至認為，曼圖阿不出三個月就會宣告破產。然而，巴菲特不這樣看。他認為，越是在人們對某一股票失去信心的時候，這支股票越可能是一處大金礦。果然，在他以十五美分的價格買入一萬股之後，不到五年，他就賺了四千七百萬美元。眾所周知，現在他已是緊排比爾・蓋茲之後的大富翁了。

哥倫布所發現的那個道理，不久又被一個人發現。他是法國的一位小男孩。這個小男孩在七歲時，創辦了一個專門提供玩具資訊的網站。當時，沒有一個人把他放在眼裡，沒有一家同類的公司與之為敵，也沒有哪家行業會來找他簽訂行業約束條款。他們認為，那個網站只是一個孩子的遊戲，成不了什麼氣候。誰知結果卻出人意料，這位小男孩不僅把網站做大了，而且在他十歲時，就透過廣告收入，成了法國最年輕的百萬富翁。

一般人都認為不可能的事，肯定是十分困難、甚至是難以想像的事。因為太難，所以畏難；因為畏難，所以根本不去問津。不但自己不去問津，甚至認為別人也不會問津。可以說，世界上真正的大業，都是在別人認為不可能的情況下完成的；在人類一步步從過去走向未來的過程中，不可能實現的事，一件還沒有被發現。

出生於美國的普拉格曼連高中也沒有讀完，卻成為一位非常著名的小說家。在他的長篇小說授獎典禮上，有位記者問道：你事業成功最關鍵的轉捩點是什麼？大家估計，他可能會回答是童年時母親的教育，或者少年時某個老師特別的栽培。然而出人意料的是，普拉格曼卻回答說，是二戰期間在海軍服役的那段生活：

「一九四四年八月的一天午夜，我受了傷。艦長下令由一位海軍下士駕一艘小船趁著夜色送身負重傷的我上岸治療。很不幸，小船在那不勒斯海迷失了方向。那位掌舵的下士驚慌失措，想拔槍自殺。我勸告他說：你別開槍。雖然我們在危機四伏的黑暗中漂蕩了四個多小時，孤立無援，而且我還在淌血……不過，我們還是要有耐心……說實在的，盡管我在不停地勸告著那位下士，可連我自己都沒有一點信心。但還沒等我把話說完，突然前方岸上射向敵機的高射炮的爆炸火光閃亮了起來，這時我們才發現，小船離碼頭不到三海裡。」

普拉格曼說：「那夜的經歷一直留在我的心中，這個戲劇性的事件使我認識到，生活中有許多事是被認為不可更改的不可逆轉的不可實現的，其實大多數時候，這只是我們的錯覺，正是這些『不可能』才把我們的生命『圍』住了。一個人應該永遠對生活抱有信心，永不失望。

即使在最黑暗最危險的時候，也要相信光明就在前頭。」二戰後，普拉格曼立志成為一個作家。開始的時候，他接到過無數次的退稿，熟悉的人也都說他沒有這方面的天分。但每當普拉格曼想要放棄的時候，他就想起那戲劇性的一晚，於是他鼓起勇氣，一次次突破生活中各種各樣的「圍」，終於有了後來炫目的燦爛和輝煌。

每個人其實都有著這樣那樣的「圍」：主觀上的認識上的偏見，個性上的不足，客觀上的陳規陋習等都制約著我們實現生命價值的最大化。如果我們想在一生中有所作為，我們就必須要學會不停地突圍。

然而，一個人要突破各種各樣的「圍」，不是一件容易的事。首先，我們要有識「圍」的智慧。有的「圍」是明擺著的，我們一看就知道它妨礙著我們走向遠方。但有的「圍」是「糖衣炮彈」，你看不到它對你的妨礙，或許你看到了也會有意無意地縱容它擠佔心靈的地盤。其次，我們要有破「圍」的實力。要突破主觀的「圍」，我們只需依賴意志；突破客觀的「圍」，則必須依靠人才、能力了。比起前者，後者的成功更艱難，付出的人生代價也更慘重。

突圍是我們給予自己的最好的禮物，如果把我們嚮往的生活比做一個小島，突圍則是一條平靜的航道；如果把我們的生命比做一塊土地，突圍就是那粒通向秋天的種子；如果把我們的人生比做天空，突圍就是那輪光芒四射的太陽……一個人可以出身貧賤，可以遭受屈辱，但絕對不能缺少突圍的精神，沒有這種精神，你就會失去行走的能力，永遠也抵達不了本來可以抵達的人生的大境界。

09、對於幸福最簡短而充分的描述就是身體與心理都是健康的。

一個百病纏身的億萬富翁和一個身無分文的年輕小夥子談起富有的問題，富翁說：「我要是有你的健壯的身體，我情願付出我財產的一半。你那堅實的雙腿值一千萬，你那起搏有力的心臟也值一千萬，你那青春年華更值五千萬……」富翁快數不過來了，窮小夥子立刻動了心，同意用富翁的價格出售自己的雙腿、心臟、青春年華。於是，富翁變成了健壯的小夥子，小夥子變成了百病纏身的老人。健壯的富翁憑著健壯的身體與頭腦又去賺億萬財富去了，而變成富翁的小夥子拿這千萬財富仍毫無用處，因為他已不能享受一切，財富已成了他風燭殘年的身外之物……

只有健康是自己的，其他的隨時都會離你而去。每個健康的人，都是一個大富翁。他可以沒有錢，沒有權，沒有優裕的物質生活，但他擁有了健康，他就是富翁。許多擁有健康的人往往意識不到，只有當他失去健康時，才意識到健康的寶貴。有個人得了一種怪病，失去了疼痛的感覺，為此，他經常被燙傷、碰傷而不覺，此時他才真正感覺到我痛故我在，有疼痛的感覺真好，擁有健康真好！

健康本身是沒有價值的，或者說沒有正值只有負值。當健康時只是健康地活著而已，健康木身是財富又不是財富，它本身不能生錢，也不能使你獲得知識，它只能是你創造財富和知識的條件。但健康的負值都是實實在在的，失去健康肯定失去金錢、知識與能力。健康是金，是事業的前提，是生命的基礎。擁有健康就擁有了一切，失去健康就一無所有。

上天給我們最初的健康，就像銀行存款，你該讓它增長、保值，當心不要讓它破產，反則對你的懲罰是非常嚴厲的。一個最形象的比方是：用數位來表示，健康是1，其他所有的東西如事業、財富、名譽、愛情、婚姻等都是0，有了前面的1，後面的0才有價值。如果前面的1沒有了，後面的東西再多也是0。

錢是買不到健康的，但健康卻實實在在是創造事業與財富的前提。因此，在創造財富與事業的時候，千萬小心，不能浪費你的健康，也不能過多損害你的健康，更不能出賣你的健康。在健康的時候，多想想，多多珍惜你的健康，而不要等到不健康來臨才去維護你的健康！健康的時候不在意健康，「秋月春華等閒過」，一進入中年，生命的機器零部件開始不斷出毛病，或過度磨損、或銹蝕、或鬆弛、或殘缺，接踵而來。牙齒可能開始鬆動、酸痛，要抽牙髓，胃因飲酒過量而不正常，血壓開始升高，或偶有心臟不適，腰酸背疼不時發生，還有那些不在意的病─比如眼袋不經意地出現了，鼻溝處褶皺輕起，第一根白髮突然顯露於鏡中，總之，完全的健康已告別了你。雖然你還未躺在病床上，但亞健康狀態是無可爭辯地與你相伴了。

這種亞健康與非健康是何時開始的，是在什麼年齡段必然出現的，恐怕很難說清，更難概括，只能因人而異。有的人到了五六十歲仍體壯如牛，冬泳不在話下，嚼咬蠶豆易如反掌，有的人在七八十歲仍腿腳靈便，也有九十歲登山甚至跳傘的，但多數人年過三四十便與純健康絕緣了。

一旦這兒那兒失靈、那兒這兒不適，感覺自己不健康時，便開始思念那健康的日子。這時你多半懊悔：那時注意一下多好，少飲少抽少玩少熬夜多好，能堅持鍛煉多好。當然，真能改邪歸正，亡羊補牢，也是頗值贊許的，也許從此又能回到那健康的時期，但多半到了沒病的時候，也就不會思念與珍惜健康了，所謂好了傷疤忘了疼，也是這個道理。

世間的任何財富都是人創造的，充分利用你健康的體魄去學習，去獲得知識與智慧，你就具備了創造財富的條件，就可以得到寶貴的財富，你就會成為財富的主人。

10、天下沒有白吃的午餐。

許多年前，一位聰明的老國王召集了聰明的大臣，給他們一個任務：「我要你們編一本《古今智慧錄》，將世界上最聰明的思想留給子孫。」這些聰明的大臣離開國王以後，工作了很長時間，最後完成了一共有十二卷的巨作。國王看了說：「各位先生，我相信這是古今智慧的結晶，然而，它太厚了，我怕人們讀不完。把它濃縮一下吧！」這些聰明的大臣又進行了長期的努力工作，幾經刪減後，變成了一卷書。

然而，國王還是認為太長了，又命令他們再濃縮。結果這些聰明人把一本書濃縮為一章，然後縮為一頁，再變為一段，最後則變為一句。聰明的國王看到這句話時，顯得很滿意。「各位先生，」他說，「這真是古今智慧的結晶，我們全國各地的人一旦知道這個真理，我們大部分的問題就可以解決了。」這句凝聚世界上最聰明思想的話是：「天下沒有白吃的午餐。」

一天，一個老人牽著一匹拖著兩輪車的毛驢，走進野豬出沒的村莊。車上裝的是木料和穀粒。老人告訴當地的居民說他要幫助村民們捉野豬。他們都嘲笑他，因為沒有人相信老人能做到那些獵人都很難做到的事。但是，兩個月以後，老人又回到村莊，告訴村民，野豬已經被他關在山頂的圍欄裡。

他向居民解釋他是怎樣捕捉它們的。他說：「我做的第一件事，就是去找野豬經常出沒的地方，然後我就在空地中間放下少許穀粒作為陷阱的誘餌。那些豬起初嚇了一跳，最後，還是好奇地跑了過來，由老野豬開始在周圍聞味道。老野豬猛嘗了一口，其他豬也跟著吃，這時我知道我能捕到它們了。第二天我又多加了一點穀粒，並在幾尺遠的地方樹起一塊木板。

那塊木板像幽靈一樣，暫時嚇退了它們。但是白吃的午餐很有吸引力，所以不久以後，它們又回來吃了。當時野豬並不知道，它們已經是我的了。此後，我要做的是每天在穀粒旁邊多樹立幾塊木板而已，直到我的陷阱完成為止。每次我加進一些東西，它們就會遠離一陣子，但最後都會再來『白吃午餐』。圍欄做好了，陷阱的門也準備好了，而不勞而獲的習慣使它們毫無顧忌地走進圍欄。這時我就出其不意地把它們捕捉了。」

這個故事是真的。寓意很簡單：一隻動物要靠人類供給食物時，機智就被取走了，接著它就會遇到麻煩。人類也是如此，美國彩票公司做過統計，發現很多獲巨獎的人們，若干年後，不是比以前更有錢，而是變得更窮了。飛來的財富使他們好逸惡勞，最終生活瓦解、家庭混亂、工作破滅──免費的午餐不會使你步入人生的輝煌。

請記住，天下沒有白吃的午餐，也沒有唾手可得的豐功偉績。在現代競爭社會中，優勝劣汰，已屬公理。盡管你天生聰明過人，但是假如你自已不肯努力，不肯積極奮鬥、勤於進取，成就終歸有限。古人說「哀莫大於心死」，悲劇多來自於不切實際的幻想，而產生貪圖享受的向往，任何不勞而獲的念頭都是危險的。

不錯，不勞而獲者確實常常享受快樂，每當他們不勞而獲、坐享其成時，都會有自鳴得意的快感。但是必須看到，不勞而獲者的最大特點是自己不勞動而佔有別人的成果，因此他們的所謂快樂往往是建立在損人利己、損公肥私、甚至是別人的痛苦之上的，這樣的快樂，是不道德、不理性、不健康的快樂，備受良心責備的快樂，不是我們所要追求的快樂。不勞而獲者往往貪得無厭，欲壑難填，很難有真正的快樂可言，不勞而獲得的快樂不過是一場黃粱美夢而已。一個人如果一心只想坐享其成，只想不擇手段地尋求不勞而獲的快樂，那麼結果是適得其反，樂極生悲，導致無盡的煩惱和驚恐。

所謂的摘蘋果理論就是，一個人應該努力去採摘那些需要經過付出艱苦勞動，才能夠得著的「蘋果」—目標。跳起來摘「蘋果」，是在人生旅程中不斷挑戰自我，不斷超越自我，不斷砥礪自我，用更高的目標激發自己的潛能和潛力，永不滿足，永不懈怠，永不怯懦，執著地向人生的更高目標攀登。跳起來摘「蘋果」，不是好高騖遠，不是故意製造懸念，恰恰相反，它需要清醒的頭腦，理智的思維；需要科學的態度，豐富的知識；需要務實的精神、堅強的意志；需要腳踏實地、持之以恒。

能不能跳起來摘「蘋果」，決定人生的狀態、人生的質量和人生的價值。那些做一點事就怕苦怕累、那些整天想著怎麼不勞而獲的人，他們是不會跳起來摘蘋果的。他們的生活也因此而常常平淡無奇，生命也毫無精彩可言。那些常常主動跳起來摘「蘋果」、積極為自己設置更高目標的人，他們的生活也因此而變得更加燦爛，生命因此而變得更加富有價值，人生因此而變得更加美麗輝煌！

凡是有責任感的人都會同意「沒有白吃的午餐」與「你無法不付出代價就得到一些東西」是無上真理。責任感是一個人在社會上立足的資本，如將工作視為樂趣，人生就成了樂園。人生的意義就在於創造，人生的幸福主要是從工作中獲得，人生的快樂與安慰就是勤勉努力的表現。工作顯示人的獨立人格，樹立人的堅強信心，培養人的樂觀心情，只有熱愛工作者，才是幸福的人。

11、當你被欲望控制時，你是渺小的；當你被熱情激發時，你是偉大的。

拿破崙發動一場戰爭只需要兩週的準備時間，換成別人卻需要一年，這中間之所以會有這樣的差別，正是因為他那無與倫比的熱忱。戰敗的奧地利人目瞪口呆之餘，也不得不稱讚這些跨越了阿爾卑斯山的對手：「他們不是人，是會飛行的動物。」拿破崙在第一次遠征義大利的行動中，只用了十五天的時間就打了六場勝仗，繳獲二十一面軍旗、五十五門大炮，俘虜一萬五千人，並佔領了皮德蒙特。

在拿破崙這場輝煌的勝利之後，敵軍的一位奧地利將領憤憤地說：「這個年輕的指揮官對戰爭藝術簡直一竅不通，用兵完全不合兵法，他什麼都做得出來。」但拿破崙的士兵也正是以這麼一種根本不知道失敗為何物的熱忱跟隨著他們的長官，從一個勝利走向另一個勝利。

一旦缺乏熱忱，軍隊無法克敵制勝，藝術品無法流傳後世；一旦缺乏熱忱，人類不會創造出震撼人心的音樂，不會建造出令人難忘的宮殿，不能馴服自然界各種強悍的力量，不能用詩歌去打動心靈，不能用無私崇高的奉獻去感動這個世界。

也正是因為熱忱，伽利略才能舉起他的望遠鏡，最終讓整個世界都拜倒在他的腳下；哥倫布才能克服艱難險阻，領略到了巴哈馬群島清新的晨風。憑藉著熱忱，自由才獲得了勝利；憑藉著熱忱，林中的原始民族舉起了手中的利斧，砍出了通往文明的道路；也是憑藉著熱忱，彌爾頓・莎士比亞才在紙上寫下了他們不朽的詩篇。

熱忱，就是一個人保持高度的自覺，就是把全身的每一個細胞都調動起來，完成他內心渴望完成的工作。正是出於這種熱忱，雨果在寫作《巴黎聖母院》的時候，才把自己的外衣都鎖入櫃中，一直到作品完成以後才拿出來。他這麼做的目的，就是為了能夠全神貫注地投入工作。

一個年輕人最讓人無法抵禦的魅力，就在於他滿腔的熱忱。在年輕人的眼裡，未來只有光明，沒有黑暗，即使遇到險境，最終也可以轉危為安。

他不知道世界上還有「失敗」這兩個字；他相信，人類歷史過程中所有的勞作，都是為了等待他的出現，等待他成為真善美的使者。

年輕人總是熱情洋溢，他面對朝陽，影子留在身後。年輕人聽任心靈的支配，而成年人則受大腦的控制。一個滿懷熱忱的青年，他的機會遠遠比以前的青年要更多—這是一個屬於年輕人的時代。他們的熱忱就是他們的王冠，一切庸碌無為之輩，都應該在他們面前俯首稱臣。

千萬不要失去熱忱。我們每個人都應當有一些引以為榮的東西，對那些真正高貴的事物要保持一種景仰之情，對那些可以使我們的生活變得充實美麗的東西，永遠也不要失去興趣。

成功與其說是取決於人的才能，不如說取決於人的熱忱。這個世界為那些具有真正的使命感和自信心的人大開綠燈，到生命終結的時候，他們依然熱情不減當年。無論出現什麼困難，無論前途看起來是多麼的暗淡，他們總是相信能夠把心目中的理想圖景變成現實。

熱忱，使我們的決心更堅定；熱忱，使我們的意志更堅強！它給思想以力量，促使我們立刻行動，直到把可能變成現實。不要畏懼熱忱，如果有人願意以半憐憫半輕視的語調把你稱為狂熱分子，那麼就讓他這麼說吧！一件事情如果在你看來值得為它付出，如果那是對你的努力的一種挑戰，那麼，就把你能夠發揮的全部熱忱都投入到其中去吧，至於那些比手畫腳的議論，則大可不必理會。一個人要是把他的精力高度集中於他所做的事情（他是如此虔誠地投入其中），是根本沒有工夫去考慮別人的評價的，而世人也終究會承認他的價值。

對你所做的工作，要充分認識到它的價值和重要性，它對這個世界來說是不可或缺的。全身心地投入到你的工作中去，把它當作你特殊的使命，把這種信念深深植根於你的頭腦之中！就像美一樣，源源不斷的熱忱，使你永葆青春，讓你的心中永遠充滿陽光。

12、用笑臉來迎接悲慘的厄運，用百倍的勇氣來應付一切不幸。

西班牙港口城市巴賽隆納有一家著名的造船廠。這個造船廠從建廠的那一天開始就立了一個規矩，所有從造船廠出去的船舶都要造一個模型留在廠裡，並把這支船出廠後的命運由專人刻在模型上。廠裡準備了專門的房間來陳列船舶模型。因為此造船廠歷史悠久，所造船舶的數量不斷增加，所以陳列室也逐步擴大變成了現在造船廠最宏偉的建築，裡面陳列著將近十萬隻船舶模型。

所有走進這個陳列館的人都會被那些船舶模型所震懾，不是因為船舶模型的精致和千姿百態，也不是因為感歎造船廠悠久的歷史和西班牙對航海業的貢獻，而是因為每一個船舶模型上面所雕刻的文字！

有一個名叫「西班牙公主」的船舶模型上雕刻的文字是這樣的：本船

共計航海五十年，其中十一次遭遇冰川，有六次遭海盜搶劫，有九次與另外的船舶相撞，有二十一次發生故障拋錨擱淺。在陳列館最裡面的一面牆上，是對造船廠所有出廠船舶的概述：造船廠出廠的近十萬隻船舶當中，有六千條船支在大海中沈沒，有九千只因為受傷嚴重不能再修復航行，有六萬隻船舶遭遇過二十次以上的大災難，沒有一隻船從下海的那一天沒有過受傷的經歷……現在這個造船廠的船舶陳列館，早已突破了原來的意義，成為西班牙人教育後代獲取精神力量的象徵。

這正是西班牙人吸取智慧的地方：所有的船舶，不論用途是什麼，只要到大海裡航行，就會受傷，就會遭遇災難。

在生命的航程中，每一個人都是一條船，沒有人喜歡風浪，沒有人希望受傷，可是只要不停止航行，就會遭遇風險。沒有風平浪靜的海洋，沒有不受傷的船。生活也是一樣，對於生命中無法選擇的事，我們要敢於直面，直面心靈的磨難，人生的磨難。這就是生活。

生命中有很多不得已的事不以人們的意志為轉移地發生了，我們無法選擇，無法逃避，只能接受它。接受自己的出生，接受自己成長的環境，接受自己的父母，接受生命中的老師，接受生命中每一次不經意的打擊，接受疾病的折磨。只有磨難才會昇華我們的靈魂。

磨難是人生的一本書，是一部具有啟迪性的教材，它能教給你怎樣去走人生的路。磨難是一塊磨刀石，它不斷磨煉你的意志，使你更加成熟，更加堅強。磨難留給你的記憶遠遠超過快樂。快樂似一股清泉流經心田，不會濺起太大的漩渦；而磨難就像一把雕刻刀，要在你的心壁上刻下深深的印記，使你會常常想起它。

在磨難面前，如果你表現出滿面愁容，滿腹畏懼，束手無策，或者是聽任擺佈，心灰意懶，一蹶不振……這一切，都是命運這位攝影師為懦夫拍攝的種種形態。而強者則會像魯迅所說的「用笑臉來迎接悲慘的厄運，用百倍的勇氣來應付一切不幸」，他們把理想之火燃得更旺，把希望和探索的掘進器把握得更緊，敢於踏著失敗的硝煙，一次次不屈不撓地搏擊。結果，磨難變成一塊刀石，磨利了他們思想的劍刃；磨難變成一座鐵砧，打造了他們意志的鋼纖。當他們終於走向成功和勝利的時刻，甚至還想為「磨難」頒發一枚特殊的勳章！

磨難有時會成為人生的一大財富。無論我們面對的是風浪，還是榮譽，一切都會過去。在一九五四年，巴西的所有人都認為巴西足球隊能榮獲世界盃冠軍，可在半決賽中卻輸給了法國隊。當球員痛苦地回國後，發現總統和兩萬多名球迷站在機場，人群中有兩條橫幅格外醒目：「失敗了也要昂首挺胸；這也會過去。」四年後，巴西隊不負眾望贏得了世界盃。自動聚集的人群超過了一百萬，也有兩條橫幅：「勝利了更要勇往直前；這也會過去。」

我們向「磨難」要勇氣，要智慧，要韌性，要成功！做生活中真的勇士，正如魯迅所說：「真的勇士，敢於直面慘澹的人生。」

13、我們的善行必須受我們過失的鞭撻，才不會過分趾高氣昂；我們的罪惡依賴我們的善行把它們掩蓋，才不會完全絕望。

颱風過後，一個男孩來到大海邊，把沙灘上的一條條小魚扔進大海。

「你在幹什麼？」一個行人問。

「我在救這些小魚。」男孩頭也不抬地說。

「這麼多魚你救得過來嗎？」

「我救一條是一條，如果我把這條魚救活了，海裡又多了一個生靈。」男孩認真地說。

行人問：「誰會在乎你所做的呢？」

男孩捧起一條小魚放進大海說：「它在乎。」又捧起一條小魚說：「它也在乎。」

人世間最寶貴的是什麼？雨果說得好：善良。「善良是歷史中稀有的珍珠，善良的人幾乎優於偉大的人。」一句善言，萬兩黃金難求；一顆善心，一座神聖廟宇。善良是永恒的春天，是黑夜中的燈火，是精神世界的陽光，是照耀萬古的星辰。

善良是永遠不令人厭惡的一種品德，猶如天使一般，即使穿著襤褸的衣裳，也會得到人們的尊敬與崇尚；即使弱小和纖細，也會讓人感到無比高大。

善良使人美麗。仁厚的心境孕育人美麗的容顏，鑄造人健康的氣質。慈祥、親切和寬容使人的五官散發出春天的氣息；熱情、堅強和正氣使人的臉龐噴吐夏日的蓬勃。這種美麗讓人陶醉，讓人感動，讓人自覺不自覺地想親近你。

善良衍生真誠。良好的品行是生長真誠的土壤，是釀造真誠的原漿。一個靈魂骯髒的人不可能發出真誠的微笑，一個心理不健康的人不可能演繹真誠的故事。真誠的笑容、真誠的言行給人安全感和信任感，使人對你放心，願意和你合作，和你同甘共苦。

相反，如果你胸中沒有善良的情愫，你也就失去了一顆平和的心，你便不會用一種平和的心態對待您所際遇的人和事。之所以有那麼一種拔一毛利天下而不為的人，其實並不在於拔一毛給他本身帶來多少損失，而在於他缺乏拔一毛而使天下人得利這種善良的胸懷，這種人的胸中除了自私、狹隘，已經容不下與他自身利益並無大礙或者並無根本利害衝突的善良，除了幸災樂禍或我不幸天下人皆應不幸的這種陰暗心理之外，我們很難在這種人身上找到其他更多的情懷。因為這種人遠離了善良，隨之而來的嫉妒、仇恨、不平便會把他燃燒得焦躁不安。所以，這種人不但容不得他人發財、升遷，甚至看不慣他人擁有良好的心情和燦爛的笑容。

所以，凡是與這種人不能利益與共的人便都成了他臆想的對手，於是也就成了他防犯或攻擊的對象。其實這種人真的活得很苦、很累，很令人為他悲哀。

對於芸芸眾生來說，也許創造輝煌或走向偉大確實不是一件容易的事，但要擁有一顆平和而善良的心，並以此善待社會、善待他人又似乎是一件並不那麼複雜、那麼困難的事。給迷途者指條路，向落難者伸出一隻手，用會心的笑祝賀友人的成功，用真誠的話鼓勵失落的同事等等，這種看似輕而易舉的行動，其實並不僅僅只是樸素的善良，而是用善良浸潤後的靈魂折射出來的人格的光輝，是經過善良沐浴後而散發出來的平和心態。

經過這種人格光輝照耀和用平和心態武裝起來的人就一定會擁有一種美好的感覺和亮麗的情懷，他便會經常陶醉在因善良的舉動而引發出來的幸福之中，而不會因為愧對他人或心存嫉恨而產生無緣無故的內疚或憤怒。因此，無論是觀景、觀物，看人、看事，都會從內心深處蕩漾出平和而溫馨的幸福。

只要我們善良，我們便有了海的浩瀚和大地的寬廣，擁有了鮮活的人生和無限的時空；生命萬物便會因為善良的滋潤而顯得生動明麗，多彩的人生便會因為擁抱善良而更加豐盈。

14、在順境中心存感恩，在逆境中心存喜樂。

曾有一個佛陀，乘船渡江，不想風大浪高，把船打翻了。佛陀像一片樹葉般的在江中沈浮了許久，才筋疲力盡地爬上岸來。到了岸上的第一件事，他不是責罵船家的無能讓他丟失隨身攜帶的一切，也不是詛咒惡風險浪差點要了他的命，而是跪在沙灘上遙拜師父：「謝謝師父！」有人不解地問：「你為什麼不謝謝菩薩？」佛陀說：「菩薩並沒有教會我游泳，而是師父每次強把我拉入水中，把我教會的。不是師父，我命今日休矣！」

每個人一生中經歷過許多不同的事，遇到過很多不同的人，收穫了很多，也可能失去過很多。可是我們自問：有沒有帶著一份感激的心情，去面對所有在你身邊擦肩而過的朋友？有沒有用真心去捕捉從你身邊瞬間即逝的事情？

對一切美好的事物心存感激吧！心存感激將使你的心和你所期盼的事物聯繫得更緊；心存感激將使你獲得力量，使你對生活，對一切美好事物充滿信心，從而一生被美好的事物所包圍。我們不可能孤立地活在這個世界上。

我們每時每刻與身邊的每個人、每棵花草、每滴雨露，都有著千絲萬縷的聯繫。感激身邊的每個人，他們證明了我們存在的價值；感激腳下的每棵花草，它讓我們吮吸了生命的芬芳；感激草葉上的每滴雨露，它展示了生命的勃勃生機。不懂得感激的人是可歎的，因為他在這個世界上拆除了更高頂點的階梯；不懂得感激的人是孤獨的，因為他割斷了給生命以溫情和友愛的樞紐；不懂得感激的人是無知的，因為他關閉了生活給我們輸送幸福的管道。

感激困境中曾給予你力量的人，因為他增強了你的自信；感激順境中曾提醒過你的人，因為他校正了你的航向；感激曾傷害過你的人，因為他磨煉了你的心態；感激曾絆倒過你的人，因為他強化了你的雙腿；感激曾欺騙過你的人，因為他增進了你的智慧；感激曾蔑視過你的人，因為他教會你該獨立；感激在背後默默關心你的人，因為他讓你明白什麼叫幸福；感激給你收穫的季節，因為它讓你懂得了什麼叫成熟。

感激是春天裡的和風細雨，催開了蘊涵希望的蓓蕾；感激是夏日裡的驚雷，撕開了遮蔽你心田的蔭翳；感激是秋日裡結出的豐碩的果實，映照著你豐收的笑臉；感激是冬日裡烘焙大地的暖陽，化解著我們人生的嚴寒。感激是讓幸福抽芽的養料，感激是讓希望蔓延的和風，感激是讓成功拔節的瓊漿，感激是讓友善傳遞的火把。

學會感激，我們會更加熱愛生命。現年五十歲、已有一個孩子的埃蓮娜稱得上是世界上絕無僅有的女人，她有一項誰都不願意「創造」－當然她自己也不願意「創造」－的世界記錄：她的身體迄今為止已進行過大大小小一百六十八次手術！

埃蓮娜無論走到哪裡，身上都攜帶著一個有著紅十字標誌的包，包裡裝著埃蓮娜本人的病歷，身體各項指標的資料，還有醫院的名稱和地址，準備病情一旦發作時能隨時被人緊急送往醫院。此外，埃蓮娜每天要服四十二種藥劑和藥丸。如今的埃蓮娜稱得上是「體無完膚」，她的身上到處都是手術後留下的傷疤，由於針頭紮得太多，她手臂上的靜脈已經完全不管用了，於是，外科醫生給她安裝了一個特製的人工塑膠靜脈，這種靜脈無論紮多少針都不會坍陷。

在醫院裡，埃蓮娜被醫生作為一個不可多得的榜樣來鼓勵其他病人。埃蓮娜本人也非常願意用自己非凡的經歷去感染其他病人，去幫助他們克服對疾病的恐懼心理。即使對於健康的人，埃蓮娜的話也不無教益：「只要我能活著，我就已經心存感激了；如果我還能擁有健康，那就是莫大的幸福了。我會無比珍惜它！」

一位哲人說過：「我只想要一片綠葉，你卻給了我整個春天。」感激就是這樣一片小小的綠葉，當我們把綠葉奉獻給世界時，世界卻回報我們整個春天，給我們意想不到的收穫。當我們以感激之心報答桃李時，我們良好的品行會為我們鋪平一條通向生命果園的道路。

15、工作是一種樂趣時，生活是一種享受；工作是一種義務時，生活則是一種苦役。

一群年輕人到處尋找快樂，卻遇到許多煩惱、憂愁和痛苦。

他們向蘇格拉底請教：快樂到底在哪裡？蘇格拉底說：「你們還是先幫我造一條船吧！」年輕人暫時把尋找快樂的事兒放在一邊，找來造船的工具，用了四十九天，鋸倒了一棵又高又大的樹，挖空樹心，造出了一條獨木船。獨木船下水了，他們把蘇格拉底請上船，一邊合力蕩槳，一邊齊聲唱起歌來，蘇格拉底問：「孩子們，你們快樂嗎？」

他們齊聲回答：「快樂極了。」

蘇格拉底笑著說：「快樂就是這樣，它往往在你為著一個明確的目標忙得無暇顧及其他的時候突然來訪。」

有時候，人生像海，平靜時，一片茫茫……遙遠地、沒有邊際地令人無所適從……但忽然間，波濤洶湧起來了，澎湃著怒號著，不可遏止……後浪推前浪，前浪推著前浪的前浪。大勢所趨，不由得你不隨波逐流……待到風平了，浪靜了，留下來的仍是一片茫茫。疲乏地、懶散地帶著波濤的回憶……

有時候，人生如一張白紙，怎樣的情景，怎樣的足跡，來去全由自己。於是經歷著、扭曲著、塗鴉著，總是在發現自己髒了的時候才幡然醒悟純潔的可貴……於是，人們通常在遭遇失意與挫折的時候，常常感歎命運多舛：為什麼有的人天生便是驕子，有的人一落地便被遺棄，更有的人跋涉終生仍走不出命運的圈子？

通常，也只有人類自己會把這些所謂的「不公」嫁禍於「上帝」。相形之下，終於明白為什麼我們會更驚詫於「飛蛾撲火」的專注。既然一切生命體都害怕死去，那麼或者可以理解為「活著便是最大的幸福了」。但是誰又能夠體味飛蛾這種「以專注答覆生命」的無憾呢？

專注，是成功的基石，所以說，完成任何一件事都不是那麼容易的。

要獲得成功，沒有捷徑，異想天開之後還是寸步未行。只有專注地全情投入和不斷領悟，才能夠穿越理想之巔。生命原本就是大自然賦予的，那麼生存的極致莫過於「積極地以生命回報大自然」的境界……

將一種目標等同於自我生命的價值：比如蜜蜂春釀，比如飛蛾撲火，比如「春蠶到死絲方盡，蠟炬成灰淚始乾」，不正是「以專注答覆生命」的寫照嗎？

人生有目的，你就會集中精力在最要緊的事上，同時你也會覺得快樂。

人的天性很容易被瑣碎的事分心。我們以自己的人生來玩追逐瑣碎事務的遊戲。梭羅觀察發現，人們過著一個「安靜的絕望」的人生，今天，更好的描述則是「無目標的騷動」。許多人就像陀螺，毫無目的不停地以高速轉動，但始終留在原地，毫無進步。

沒有清楚的目的，你會不停地轉換方向、工作、人際關係或其他外在事物。期望每一次改變會解決你的困擾或填滿你內心的空虛。你心想：「或許這次會不一樣。」可是真正的問題—缺乏焦點與目的—並沒有解決。

我們可以從光學中看到焦點的重要。分散的光只有極少的能力和作用，但把它們凝聚起來卻可以形成巨大的能源。用一面放大鏡可以凝聚太陽光，而點燃紙張。當光被集中成為雷射線時，連鋼鐵都能穿透切斷。

專注又有目的的人是大有能力的。能改變歷史的偉人，都是生活專注的人。例如使徒保羅，他幾乎是一手獨力把基督信仰傳遍羅馬帝國的。他的秘訣就是過一個專注的人生。他說：「我將我所有的精力專注在一件事上，就是忘記背後，努力向前的。」

如果你要有所作為，便要專注！不要在池邊戲水，不要想什麼都做；少做些，甚至刪除一些好的活動，只專心做真正要緊的事。不要將活動與績效混為一談，你很可能非常忙碌卻毫無目的，那有何意義呢？

保羅說：「要專心竭力追求目標，我們心裡所想要的一切，神會賜給我們。」

16、沒有人確切地知道自身的使命是什麼，不同的區別僅在於是否去尋找然後承擔。

一個農夫在他的農舍裡發現了一隻和雞差不多的鳥，它這裡抓抓，那裡扒扒，動作和雞沒多大異樣，農夫說：「這不也是雞嗎？」這時來了一個智者，他對農夫說：「把它給我吧。」

這個人把這隻雞帶到了山頂，在日出來臨的時候，面對著滿天殷紅的霞光，動情地說道：「飛吧，鷹！」鷹抖了抖翅膀，一飛沖天，扶搖遠去了。

小林秀雄先生在《莫札特》一書中寫道：「對強韌的精神而言，惡劣的環境也是實在的環境，既不缺什麼，也不少什麼。」「生命力中有一種能力，能將外在的偶然看做內在的必然。這種思想是宗教式的，但它並不是空想。」這便是和環境搏鬥，並戰而勝之的人類能力；是精神的力量，能將外在的偶然性看做內在的必然性。這種無限的力量就蘊藏在我們自己生命之中，我們若能切實感受並加以發揮，也就找到了我們真正的人生之路。

這樣努力下去，不為任何環境所屈，總是忠實於自己，發展自己，於是便奏響了人生的凱歌。佛法中有所謂「梅櫻桃李」的命題。比如梅花，於春光初見之時，首先開出高雅的花朵；然後是櫻花盛開的季節，它也盡顯風姿；桃花、李花也都各領風騷。同樣，人也應當讓自己的生命開出美麗的花朵，要知道，我們生命內部本身就有催開絢麗鮮花的神力。

那麼，帶來這種神力的東西是什麼呢？這便是對自身「使命」與「責任」的深刻覺悟。某些人以根本的「法則」為基準，始終堅持一定的生活道路，即將使命和責任視為非我莫屬的。這樣的人就會不斷開拓自己的生命，就和梅、櫻一樣，遲早會開出燦爛的鮮花，散發出陣陣清香。他就可以最大限度地發揮生命的作用，並為此感到驕傲、滿足和充實。

不管是哪種人，都是帶著某種使命而生於世上的極其寶貴的人。這種使命並不展現於外部相對立的世界中，而展現在與自己搏鬥、戰勝自己、貫徹自己信念之時。人生的一切，都是自己生命現象的表像，是自己生命的反映，人絕不為外界而活著。有人曾說：「要為自己的生命而活下去。」這句話具有深刻的內涵和千鈞的分量，指出人生終極目的之所在。

使命之於人的一生，是最為持久的奮鬥動力。使命，不同於理想，不同於目標：說簡單了，它是一個人一種趨於神聖的感覺，說深了，使命是一個人生命的意義。惟有永不言棄的英雄，才能真正體會在完成使命過程中所產生的真實感覺。

一些哲學家指出：人們應該在短促的一生中承擔並完成一定的人生的、以至於歷史的使命，以自己的業績為自己的人生樹立一座豐碑。的確，人生的使命就是實現生命的價值。人們之所以珍惜生命，是因為生命本身就蘊涵著巨大的價值。

在所有價值中，最首要的是生命的價值本身；所有的價值都是相對於人而言的，而失去了生命，人自身的價值便無從談起，其他的價值也都失去了意義。從這一點來講，「人活著就在使用生命」，「依據生命創造價值」對於人的生命的價值，從生物學的角度是無法深刻理解的，從社會的角度去理解，就有了特定的意義。

一個人如果僅僅活著，除了吃喝之外什麼也不會做或什麼也不願做，就無異於一具活著的殭屍，毫無價值可言。人的生命之所以有價值，就在於它是其他一切價值的源泉，能創造其他一切價值，使其他一切價值得以實現。生命是創造之本，是創造之源。沒有生命，就沒有創造，生活就會失去它應有的意義。

人，生於天地，若滄海之一粟，每一個人都有其獨特的人生軌跡。在社會中都有其特定的角色。人生的使命就是扮演好自己那特定的角色。在人的一生中，許多人都不知道自己的使命是什麼而碌碌無為。造就偉大的秘密只是有些人因為肩負了使命的責任而成為偉大。

17、人不是為失敗而生的。一個人可以被消滅，但永遠不能被打敗。

海明威的《老人與海》講述了一個老人出海打魚的故事。主人公桑提亞哥連續出海八十四天，一條魚也沒捕到。可是，「那雙眼睛啊，像海水一樣藍，是愉快的，毫不沮喪的。」原先跟隨桑提亞哥出海捕魚的小孩，談到爸爸把他叫到別的船上去時說：「他沒多大的自信。」「是的。」老頭說，「可是我們有，你說是不是？」是的，這位捕魚的老者有自尊、自信和勇氣。如果不是這樣，在持續了那麼多天的背運之後，他還能出海捕魚嗎？尤其是在惟一的夥伴─那個孩子─也離開了他時。孤獨的老漁夫桑提亞哥，在茫茫大海上和各種鯊魚糾纏、搏鬥了三天三夜，最後拖回家的只是一副十八英尺長的魚骨架，惟一完整的是魚頭和尾巴。老人的一切努力，都被大海消滅了。在浩瀚無常的大海面前，人，永遠處於弱勢。可是這個老人，在丟失了所有的工具、耗盡體力、面臨湍急的海流和鯊群的攻擊，躺在甲板上無助地休息的時候，想的是：「人不是為失敗而生的。一個人可以被消滅，但永遠不能被打敗。」

《老人與海》的讀者常常為空手而歸的桑提亞哥發出同情的感歎，然而，茫茫大海對他是一種挑戰，並不是他謀生的場所。這位消瘦憔悴的老人和海明威頗為相似，他意識到自己的男子氣概，說話就像踩了高蹺走路那樣不大自在。也許是他善於作心理提示，也許是他歷來喜愛自誇，他數次稱自己為「不同尋常的老頭兒」。老人鄙夷地說起其他漁民可「不會願意駛到很遠的地方」。老人還相信自己的心臟像海龜的心臟一般強健，即使開膛剖腹，「還會跳動好幾個鐘點」。這位貌似平和的老者像年輕人一樣野心勃勃，他要憑自己原始的工具征服大海，征服大魚，不圖任何回報，只想顯示超常的拼搏精神。

從捕殺馬林魚他聯想到捕殺太陽、月亮和星星，他為自己不必從事這類「偉業」而慶幸。人們對天體往往存有敬畏之心，但它們在桑提亞哥看來竟然也是獵取、征服的物件。雖然這聯想實在豪邁得過了頭，但它確實反映了老人征服者的雄心，反映了一個科學時代的迷信：人類沒有固有的弱點，人可以憑藉自身的力量征服自然，征服一切。

一個男子漢，要有一種壓倒一切的氣概！是這樣的。如果說失敗是一種很好的教育，這話聽起來的確像是自我安慰，但只要你是個有心人，實在應該好好思考一番這句話的深刻含義。也許我們不知道居里夫人在發現鐳之前經歷過多少次的失敗，不知道曼德拉經受多少苦難……任何一個人的一生都不是一帆風順的，許許多多有志向的年輕人，也都是蔑視失敗，為了理想勇往直前地奮鬥的。這些例子舉不勝舉，都是我們耳熟能詳的，雖然有些口號式地讓人厭倦，但並不是沒有道理的。

我們應該感謝失敗！它使我們頭撞南牆的時候知道回頭向北或向東試試，而不會繼續沿著一條錯誤的道路走到黑。我們應該感謝那些在我們失敗的時候依然不拋棄我們的人！他使我們知道自己並不是孤軍奮戰。既然人生永遠也無法擺脫失敗的陰影……不是嗎？我們的結局其實……終歸是要失敗的，至少我們是無法戰勝死神的，但是生命的意義就在於和失敗作戰所取得的成績。被小小的失敗所擊潰的人生實在令人惋惜，那麼讓我們迎接更大的失敗吧！即使我們的物質存在被消滅了，惟願我們永不言敗和永不懼敗的人之精神獲得永生。

面對生活，我們都是一個戰士，每個人可以在死之將至的那一天，可以問心無愧地說：我是個戰士，一個永遠戰鬥的戰士。在人生的戰鬥中，我沒有屈服，沒有投降，而是一直為了理想戰鬥著。無論結局如何，我無愧於一個真的戰士的稱謂！

18、不存在沒有熱情的智慧，也不存在沒有智慧的熱情，如果沒有勤奮，也不存在熱情與才能的結合。

在美國，有一個人在一年之中的每一天裡，都幾乎做著同一件事：天剛剛放亮，他就伏在打字機前，開始一天的寫作。一年之中，他只有三天的時間是例外的，不寫作。也就是說，他只有三天的休息時間。這三天是：生日、耶誕節、美國獨立日（國慶節）。勤奮給他帶來的好處是永不枯竭的靈感。繆斯女神對那些勤奮的人總是格外青睞的，她會源源不斷地給這些人送去靈感。這個男人名叫斯蒂芬．金，是國際上著名的恐怖小說大師。斯蒂芬．金的經歷十分坎坷，他曾經潦倒得連電話費都交不起，電話公司因此掐斷了他的電話線。後來，他成了世界上著名的恐怖小說大師，整天稿約不斷。常常是一部小說還在他的大腦之中儲存著，出版社就把高額的訂金支付給了他。如今，他的每一天，仍然是在勤奮的創作之中度過的。

斯蒂芬．金成功的秘訣很簡單，只有兩個字：勤奮。斯蒂芬．金和一般的作家有點不同。一般的作家在沒有靈感的時候，就去做別的事情，從不逼自己硬寫。但斯蒂芬．金在沒有什麼可寫的情況下，每天也要堅持寫五千字。這是他在早期寫作時，一個老師傳授給他的一條經驗，他也是堅持這麼做的，這使他終身受益。他說，「我從沒有過沒有靈感的恐慌。」做一個勤奮的人，陽光每一天的第一個吻觸，肯定是先落在勤奮者的臉頰上的。

勤奮是實現理想的奠基石，是補拙益智的催化劑，是邁向成功彼岸的橋梁，是自學課堂裡的老師，是人生航道上的燈塔。

勤奮屬於珍惜時間、愛惜光陰的人，屬於腳踏實地、一絲不苟的人，屬於堅持不懈、持之以恒的人，屬於勇於探索創新的人。因為勤奮，安徒生從一個鞋匠的兒子成為童話之王；因為勤奮，羅曼、羅蘭獲得了二十年心血的結晶—《約翰、克利斯朵夫》；因為勤奮，巴爾扎克給人類留下了寶貴的文學遺產—《人間喜劇》；還是因為勤奮，愛迪生才有了一千多種偉大的科學發明；愛因斯坦才得以創立震驚世界的相對論；中國古人才給我們留下了懸梁刺股、鑿壁偷光、囊螢映雪的千古美談。

愛因斯坦曾經說過：「在天才和勤奮之間，我毫不遲疑地選擇勤奮，她幾乎是世界上一切成就的催生婆。」高爾基有這麼一句話：「天才出於勤奮。」卡萊爾更曾激勵我們說：「天才就是無止境刻苦勤奮的能力。」

億萬富翁埃克．萊斯頓已是七十三歲的高齡，卻沒有絲毫安享晚年的念頭，依然在辛勤地為F1的未來操勞。雖然已到了古稀之年，但埃克．萊斯頓依然能從每天的工作中感到快樂，因為他喜歡工作中遇到的挑戰：「我喜歡挑戰，不管發生什麼，我都會努力去做到最好，這是我的愛好。」

「你能取得今天的成就，靠的是什麼？回首往事，最讓你感到驕傲的是什麼？」曾經有記者這樣問埃克萊斯頓。

「靠勤奮和機遇。至於說過去值得驕傲的事，我可以告訴你，我從不回憶過去，我只向前看。過去發生的一切都已是歷史。你不需要坐下來思考你的過去，因為在你腦中已知道哪些是該做的，哪些是不該做的。」埃克萊斯頓沈著地回答。

勤奮並不需要有推動力，只要你能欣賞人生，你能欣賞日出日落，你懂得珍惜，你自然會勤奮，因為你不會也不希望錯過生命送給你的每一個機會。記住：人生最大的差距是勤奮的差距，人生最大的遺憾是勤奮不夠。

19、人生要麼是一幅偉大的作品，要麼就是一團糟，因為每種習慣的養成。要麼是精心培養的結果，要麼是放任自流的結果。

從前有一頭騾子，自小就在磨房里拉磨，日復一日繞著石磨兜圈子，十幾年如一日，勤勤懇懇。有一天，它終於老得再也拉不動石磨了。主人覺得它勞苦功高，決定把它放養到曠野之中，讓它在綠草地裡自由自在地度過餘生。但這頭騾子從來就沒有享受過藍天白雲下的自在生活，它已經失去了作為動物融入大自然的天生本領。在如此寬闊的天地中，這頭騾子惟一能做的就是在吃飽以後，繞著一棵樹不斷地兜圈子，直到最後死在這棵樹下。

倘若大河就是我們的性格，那麼支流就是我們的習慣，我們的習慣每時每刻都在影響著我們的生活。也許我們根本不可能分辨出造就性格的到底是哪些習慣，但有一點可以肯定，好習慣是一種堅定不移的高貴品質，必定會醞釀出好的果實，而壞習慣則會毒害心靈。

好習慣主要是依賴於人的自我約束，或者說是依靠人對自我欲望的否定。然而，壞習慣卻像蘆葦和雜草一樣，隨時隨地都能生長，但它阻礙了美德之花的成長，使一片美麗的園地變成了雜草叢。壞習慣一旦播種，往往難以清除。對幾百位成功者的調查顯示，問及失敗的可能原因時，幾乎每個人都會說：「壞習慣是失敗的重要原因之一」。

人很容易陷入無所事事的境地，隨波逐流則更容易。我們總是容易忽視習慣形成的生理基礎。對一個行為的每一次重複，都會增加我們再次實施它的機率。我們還發現自己的體內有一種神奇的機制，那就是傾向於不斷地、甚至是永久性地重複，而且這種傾向的靈活機敏性也隨著重複次數的增加而不斷地提高。最終的結果是，開始的行為，由於自然的條件反射，成了自動的行為，不再受大腦的控制。事實上，我們今天所為不過是對昨天的重複。除非你具有非凡的意志力，否則即使下決心改變，明天仍然會繼續重複它。

古希臘哲學家亞里士多德曾說，優秀是一種習慣。我們的一言一行都是日積月累養成的習慣。我們有的人形成了很好的習慣，有的人形成了很壞的習慣。所以我們從現在起就要把優秀變成一種習慣，使我們的優秀行為習以為常，變成我們的第二天性。讓我們習慣性地去創造性思考，習慣性地去認真做事情，習慣性地對別人友好，習慣性地欣賞大自然。

每個成功的人之所以成功，就在於不同於常人之處。而所謂的「不同之處」，就在於他們具有許許多多良好的習慣。習慣是一種頑強的力量，它可以主宰人的一生，一切天性和諾言，都不如習慣有力。好的習慣會使你的人生受益無窮。正如威廉．詹姆士所說：「播下一個行動，收穫一種習慣；播下一種習慣，收穫一種性格；播下一種性格，收穫一種命運。」

沒有守時的習慣，會浪費時間、耗費生命；沒有守信的習慣，會失去別人的信任；沒有堅定的習慣，無法把事情堅持到成功的那一天；沒有迅捷的習慣，良機與你擦肩而過，可能永不再來。

成功是一種習慣，放棄也是一種習慣。成功者從來不半途而廢，成功者從來不投降，成功者不斷鼓勵自己，鞭策自己，並反覆地去實踐，直到成功。這就是成功的必由之路。

現實生活中，很多人都在拼命地忙忙碌碌，最終卻一事無成，是他們比成功人士缺少智慧和機遇嗎？其實不然，那為什麼眾多的人拼命地努力卻沒有成就呢？仔細研究一下，就會發現他們身上都有著一個共同點，那就是他們習慣了放棄，而恰恰是這種放棄造就了他們的不成功。

凡是渴望成功的人，都應該對自己平時的習慣做深刻的檢討，把那些妨礙成功的惡習—找出來—如舉止慌亂、急躁不安、萎靡不振、言語尖刻、不守時、馬馬虎虎等，要勇於承認自己身上的不良習慣，不要找藉口搪塞。把它們記下來，對照它們引起的錯誤，想想今後應該怎麼做。若能持之以恒地糾正它們，就一定會有巨大的收穫。

20、我們隨時都在尋找藉口，以為只有藉口才會保護我們，其實藉口只會吃掉我們。

美國職業籃球協會（NBA）一九九四年至一九九五年賽季的最佳新秀傑森．基德說，他心目中的英雄偶像是他的父親。父母教誨他勤奮、耐心等種種美德，這種話聽來可能像陳詞濫調，基德卻似乎真能按照這些教誨身體力行。

「小時候，父親常常帶我去打保齡球。我打得不好，總是找藉口解釋自己為什麼打不好，而不是去找原因。父親就對我說：『別再找藉口了，這不是理由，你保齡球打得不好是因為你不練習。』他說得對，現在我一發現自己的缺點便努力改正，絕不找藉口搪塞。」

達拉斯小牛隊每次練完球，人們總會看到有個球員在球場內奔跑不輟，一再練習投籃，那就是傑森．基德，因為他是一個不為自己尋找理由的人。

在整個企業界有一句最受歡迎的話：我可以找藉口，也可以賺大錢，但是我們無法兩者兼得。

事實上，不找藉口是減少憂慮的良方，也是成功的有效工具。仔細想一想，「藉口」通常只是恐懼的一種表現，如：「我恐怕沒有時間」、「我很怕邁出我的安全區」、「我不知道人們會怎麼想」、「我怕我做不到」、「我認為這不是我的本性」等等。當我們除去這些藉口背後的恐懼，不再憂慮時，就會充滿信心繼續前進。

一個習慣找藉口的人，是無法發揮他最大潛力的。當藉口浮上這種人的心頭時，他會緊抓著不放，把它看得很嚴重，思索這個藉口為何成立。然後用它做彈藥來對付自己。這一切都發生得太快了，通常連當事人自己都沒有察覺，這是一種自挫的習慣。只要稍微改變一下想法，就可以打破這個陋習。

事實上，每位成功人士都承認，他們也面對過自己內心的藉口，例如：「我累了，以後再做吧」，「我很害怕」，或「我不想做這件事」。不過，這些人卻能夠將他們的恐懼和藉口想像成可以克服，至少不要看得太嚴重、太可怕或懶惰的想法而已。因此，他們不但沒有被負面的內在對話所淹沒，而且還可以將焦點集中在他們所從事的以及他們正嘗試完成的事務上。

要做一個成功者，首先應該對自己負責，不要為自己尋找理由。只要你腳踏實地走好每一步，抓緊每一個稍縱即逝的日子，全身心地投入你想做的某件事，那麼你就已經成功了一半。積極的力量削減一分，消極的力量便增強一分，如果一遇到問題就自己尋找理由以求開脫，那樣你永遠不會獲得成功。只有那些堅持不懈的人，才能得到應有的回報。「不要為自己尋找理由」，這看似簡單的一句話，卻是打開成功之門最好的鑰匙。

千萬別找藉口！在現實生活中，我們缺少的正是那種想盡辦法去完成任務，而不是去尋找任何藉口的人。在他們身上，展現出一種服從、誠實的態度，一種負責、敬業的精神，一種完美的執行能力。

巴頓將軍在他的戰爭回憶錄《我所知道的戰爭》中曾寫到這樣一個細節：

「我要提拔人時常常把所有的候選人排到一起，給他們提一個我想要他們解決的問題。我說：『夥計們，我要在倉庫後面挖一條戰壕，八英尺長，三英尺寬，六英寸深。』我就告訴他們那麼多。我有一個有窗戶或有大節孔的倉庫。候選人正在檢查工具時，我走進倉庫，透過窗戶或節孔觀察他們。我看到夥計們把鍬和鎬都放到倉庫後面的地上。他們休息幾分鐘後開始議論我為什麼要他們挖這麼淺的戰壕。他們有的說六英寸深還不夠當火炮掩體。其他人爭論說，這樣的戰壕太熱或太冷。

如果夥計們是軍官，他們會抱怨他們不該幹挖戰壕這麼普通的體力勞動。最後，有個夥計對別人下命令：『讓我們把戰壕挖好後離開這裡吧！那個老畜生想用戰壕幹什麼都沒關係。』」最後，巴頓寫道：「那個夥計得到了提拔。我必須挑選不找任何藉口地完成任務的人。」

無論什麼工作，都需要這種不找任何藉口去執行的人。對我們而言，無論做什麼事情，都要記住自己的責任，無論在什麼樣的工作崗位上，都要對自己的工作負責。不要用任何藉口來為自己開脫或搪塞，完美的執行是不需要任何藉口的。

21、你不可能做到你所希望做到的一切，因此，你就應當做到你能夠做到的一切。

有一個年輕人，夢想著有一天能夠駕駛著自己的船出海航行。每天他都在想，該用什麼材料來製造船體，用什麼材料來做帆，船的形狀應該是什麼樣子的……他也時常與村子裡的人說起自己的夢想，村裡的人對他的話堅信不疑，相信他總有一天會有一艘屬於自己的船。人們每逢碰到他的時候都要問他，你的船怎麼樣了？他不是說，還沒到時候，過兩天就會上山去採木材。就是說，現在還沒有做好充分的準備。

時間一天一天地過去了，年輕人變成了中年人，結了婚，生了孩子。村裡的人偶爾還會問起他那個夢想，他只是淡淡一笑說，等孩子長大點再說。當他的孩子長大了，這個人和村裡的人一樣，再也沒有提起過那個出海的夢，直到他死去。

拖延是行動的死敵，也是成功的死敵。拖延使我們所有的美好理想變成真正的幻想，拖延令我們丟失今天而永遠生活在「明天」的等待之中，拖延的惡性循環使我們養成懶惰的習性，猶豫、矛盾的心態，這樣就成為一個永遠只知抱怨歎息的落伍者、失敗者、潦倒者。

成功學創始人拿破崙．希爾說：「生活如同一盤棋，你的對手是時間，假如你行動前猶豫不決，或拖延行動，你將因時間過長而痛失這盤棋，你的對手是不容許你猶豫不決的！」

一種動物如果沒有了對手，就會變得死氣沈沈；一個人如果沒有了對手，就會甘於平庸，養成惰性，最終導致庸碌無為。人的對手，當然包括我們在工作中必將遇到的種種困難。人的惰性是一種可怕的精神腐蝕劑，使人整天無精打采，生活消極頹廢，甚至使人性低落到不如其他動物的層次。佛蘭克林就曾經說過：「懶惰就像生銹一樣，比操勞更能消耗我們的身體。」當然，世界上還有許多激動人心的警句和格言，都在提醒人們不要做惰性的奴隸，不要成為工作的失敗者。

有人說，在工作中，拖延時間是一種惡劣的行為，然而卻很少有人能夠說他自己在工作中從不拖延時間，很少有人承認正是這種拖延的行為使自己漸漸對工作產生了惰性。

拖延時間常常是少數人逃避現實、自欺欺人的表現。然而，無論我們是否在拖延時間，我們的工作都必須由我們自己去完成。透過暫時逃避現實，從暫時的遺忘中獲得片刻的輕鬆，這並不是根本的解決之道。

現實生活中，總是有著那麼一種惰性極強的人，他們通常以「與世無爭」為理由，消極地對待工作。這種人沒有進取心，不願意去參與競爭，工作上也非常懶惰。

我們每個人都無法預知自己的生命何時結束，所以，我們不應停滯不前，應去實現自己既定的目標。很多時候，我們在很舒適的情況下，不知不覺地浪費了時間。拖延，也是我們給自己找到的一個安於現狀的藉口。拖延會使我們的時間淪為任何人、任何事都可以隨意佔用的「公共資源」；任何憧憬、理想和計劃，都會在拖延中落空；過分的謹慎與缺乏自信都是工作的大忌。

立即執行，便會感到簡單而快樂；拖延執行，便會感到艱辛而痛苦；拖

延的習慣會消滅人的創造力。

面對拖延這種惡習的時候，我們必須改變思維的環境，這就要我們去自我實踐，去自我「投資」，避免拖延的惟一方法就是隨時主動地行動。也許你會說，慢工可以出細活，十年可以磨一劍，但是，拖延只能削弱你的熱情，吞噬你的意志。因此，不要等待，等時間的人，就是浪費時間的人。你應立即行動。

瓦爾特．司各特曾說：「一定要警惕那種使你不能按時完成工作的習慣—我指的是，拖延磨蹭的習慣，要做的工作馬上去做，做完工作後再去消遣，千萬不要在完成工作之前先去玩樂。」

拖延是一種習慣，行動也是一種習慣，用行動來代替拖延，自己推動你的精神，不要坐等精神來推動你去做事。

22、人生隨處都會遭遇難題，有時候題解很簡單，只有兩個字：執著。

一隻螞蟻想往瓷磚牆上爬，可一次次都失敗掉了下來，可它依然執著地往上爬。一個人看到後感慨地說：「多偉大的螞蟻，失敗了毫不妥協，繼續向目標前進。」另外一個人看到後也感歎地說：「多麼可憐的螞蟻，太盲目了，假如它改變一下方式，也許很快就到達目的地。」

這原本是個哲學故事，曾有人去問智者誰是誰非，智者說兩個人都沒有錯，這只是反映兩種不同的人生態度。

如果你是個執著的人，便會對螞蟻持有讚賞的態度。一個善於協調自己性情志趣，一個懂得放棄和習慣於失去一個懂得「曲線救自己」，一個遵循軌跡、隨遇而安的人，肯定很少煩惱，能夠充分享受到人生的愉悅。

但生活中難免遭遇難題，此時只有執著能夠幫我們渡過難關。

在人生奮鬥中，不慎跌倒並不表示永遠的失敗，惟有跌倒後，失去了奮鬥的勇氣才是永遠的失敗。

我們若以平常心觀之，失敗本身也就不足為奇。一個人若沒有經歷失敗，他就難以嘗到人生的辛酸和苦澀，難以認識到生命的底蘊，也就不可能進入真正寧靜祥和的境界。

其實，通向成功的路絕不只是一條，不同的人可以選擇不同的路，成功與否，往往不在於對道路的選擇，而在於一旦選定了自己的路，便不再彷徨。所以，能否到達心中的目標，首先取決於對腳下道路的信任與否。

執著的人可能失敗，卻很少被人稱為失敗。因為，「執著」的骨子裡有一種素質：一種激情如火的素質，一種追求根源的素質，一種苦行僧式的素質，一種認准了目標死不回頭的素質，一種固執己見永不迎合他人的素質，一種酷愛偏激的素質。具備這種素質的人常常創造出人間奇蹟。

弗洛伊德、拿破崙、貝多芬、梵谷；還有《金氏世界記錄大全》一書中所記載的諸多人物，不能不承認所有這些大大小小的人物使我們這個世界變得有聲有色。他們的性格中明顯有著共同的一點，即執著。他們執著地將他們熱愛的某項事業推向極致的境界，什麼也阻止不了他們，除了自身的死亡。

女媧補天、夸父追日、精衛填海、愚公移山、大禹治水，臥薪嘗膽的勾踐、聞雞起舞的祖逖、面壁靜修的達摩、程門立雪的楊時……這些執著的故事不老，人物不死。執著的人可能在當時失敗，卻在後人心中勝利；可能在名利上失敗，卻在精神上勝利。這就是執著的人生。執著，是一闋永無休止符號的進行曲。

在人生之路上，我們會碰到許多「分岔路口」，這些「路口」讓我們不得不去作出抉擇！是選擇失敗，還是選擇成功？是選擇積極主動行動，還是坐以待斃？……每一個路口都有機會，同時每一個路口都並存成功與失敗，選擇是殘酷的。

但是，不選擇的話連成功的機會都沒有！選擇了一條路，我們就要持之以恒地達到路的盡頭，盡管道路可能充滿荊棘！如果沒有這種執著的精神我們拿什麼談成功！

沒有目標、沒有對認定的目標執著的追求就沒有進步，沒有不斷的進步就意味著落後，最終將被淘汰！

請記住，我們執著追求所做的一切並不是為了其他任何人，而是為了尊重我們自己！

國家圖書館出版品預行編目CIP資料

至理名言：44句生命中最重要的智慧語 / 李育達作 . --
初版 . -- 臺北市：華志文化, 2018.05
面； 公分 . -- (全方位心理叢書 ; 31)
ISBN 978-986-95996-9-6(平裝)
1. 格言
192.8　　107004845

華志文化事業有限公司
系列／全方位心理叢書31
書名／至理名言：44句生命中最重要的智慧語
書號／C331

作者　李育達教授
執行編輯　簡煜哲
美術編輯　楊雅婷
封面設計　王志強
文字校對　陳欣欣
企劃執行　張淑芬
總編輯　黃志中
社長　楊凱翔
出版者　華志文化事業有限公司
電子信箱　huachihbook@yahoo.com.tw
地址　116台北市文山區興隆路四段九十六巷三弄六號四樓
電話　02-86637719
傳真　02-86637750

總經銷商　旭昇圖書有限公司
地址　235新北市中和區中山路二段三五二號二樓
電話　02-22451480
傳真　02-22451479
郵政劃撥　戶名：旭昇圖書有限公司（帳號：12935041）

出版日期　西元二〇一八年五月初版第一刷